"十二五"职业教育国家规划教材
经全国职业教育教材审定委员会审定

四川省"十四五"职业教育
省级规划教材立项建设教材

MINHANG
ANQUAN
JIANCHA SHIWU

■职业教育航空运输类专业"产教融合"新形态教材■

民航安全检查实务

第2版

总主编：魏全斌
主　编：魏全斌
副主编：裴明学　李珊珊　王安民　余　磊
参　编：吴雨遥　孙锜雯　武梦迪　邓林燕

北京师范大学出版集团
BEIJING NORMAL UNIVERSITY PUBLISHING GROUP
北京师范大学出版社

图书在版编目（CIP）数据

民航安全检查实务／魏全斌主编 .—2版 . —北京：
北京师范大学出版社，2024.9
职业教育航空运输类专业"产教融合"新形态教材／
魏全斌主编
ISBN 978-7-303-29787-0

Ⅰ．①民… Ⅱ．①魏… Ⅲ．①民航运输 - 安全检查 -
职业教育 - 教材 Ⅳ．①F560.81

中国国家版本馆 CIP 数据核字（2024）第 034284 号

教 材 意 见 反 馈：　zhijiao@bnupg.com
营 销 中 心 电 话：　010-58802755　010-58800035
编 辑 部 电 话：　010-58802751

出版发行：北京师范大学出版社 www.bnupg.com
　　　　　北京市西城区新街口外大街12-3号
　　　　　邮政编码：100088
印　　　刷：三河市兴达印务有限公司
经　　　销：全国新华书店
开　　　本：889mm×1194mm　1/16
印　　　张：8.5
字　　　数：200千字
版　　　次：2024年9月第2版
印　　　次：2024年9月第1次印刷
定　　　价：35.00元

策划编辑：王云英　　　　　　　责任编辑：王贺萌
美术编辑：焦　丽　　　　　　　装帧设计：焦　丽
责任校对：陈　荟　　　　　　　责任印制：马　洁　赵　龙

职业教育航空运输类专业
"产教融合"新形态教材专家指导委员会

主 任

魏全斌　四川西南航空职业学院　荣誉院长、研究员

　　　　四川泛美教育投资集团有限责任公司　董事长

副主任

杨新湟　中国民航大学　副校长、教授

叶　耒　中国商用飞机有限责任公司四川分公司　总经理助理、人力资源部部长

王海涛　成都航空有限公司　人力资源部总经理

委 员

郭润夏　中国民航大学　教授

陈玉华　成都航空职业技术学院　教授

裴明学　四川西南航空职业学院　院长、研究员

龙　强　四川泛美教育投资集团有限责任公司　特聘专家

刘　桦　四川泛美教育投资集团有限责任公司　副总裁、特级教师

曾远志　四川泛美教育投资集团有限责任公司　副总裁

确保航空运行绝对安全，确保人民生命绝对安全，是任何时候都不能放松的原则和要求。民航安全检查是保障航空安全的第一道防线，对于防范各种潜在风险，维护人民生命财产安全具有举足轻重的作用。为了更好地适应行业发展的需要，培养高素质的民航安全检查人才，我们组织修订了《民航安全检查实务》这本教材。

本教材系职业教育航空运输类专业"产教融合"新形态教材中的一本，是国家级示范集团重点项目，是"十二五"职业教育国家规划教材，立项四川省"十四五"职业教育省级规划教材。本教材以习近平新时代中国特色社会主义思想和党的二十大精神为指导，落实立德树人根本任务。本教材紧密结合民航行业的发展趋势和需求，以"做中学，学中做"为编写指导理念，实现学以致用，注重对学生专业知识和技能的培养，以更好地提升他们的实际操作能力和问题解决能力。本教材以民航安全检查员五级职业技能为切入点，力求使学生能够全面掌握民航安全检查的专业知识，更强调对学生职业素养、创新思维和实际操作能力的培养，提升其实战技能。

本教材以真实生产项目、典型工作任务为载体，全书内容分为了解民航安检、了解航空安全保卫法律法规、前传检查、证件检查、人身检查、开箱包检查和货邮安检七个项目。本教材关注了以下几个方面：（1）紧密结合民航安全检查员国家职业技能标准，注重理论与实践相结合。在编写过程中，我们深刻认识和理解高素质技术技能人才的成长规律，紧密结合教育教学规律，全面提升学生技术技能。（2）采用项目任务式的教材内容体系，注重对学生实际操作能力和问题解决能力的培养。（3）配套资源丰富，便于教师根据教学需求灵活地选择和组织内容，也使学生能够通过自主选择和组织内容进行个性化学习。（4）将新技术、新规范、新标准等内容有机地融入教材，体现行业发展的趋势和技术进步。这有助于培养更多高素质的民航安全检查人才，满足民航安全检查行业的发展需求。

本教材由魏全斌担任主编，裴明学、李珊珊、王安民、余磊担任副主编，吴雨遥、孙锜雯、武梦迪、邓林燕参与了编写，姚竣砾、李倩、王琪、张晨曦、王越、李楠、王晨晨、常鑫对本书的出版作出了贡献。全书由王安民、邓林燕统稿，由李珊珊、裴明学、桂红（重庆江北国际机场）、于晶（中国民航大学）、王安民负责审核。

本书由国家示范性职业教育集团牵头单位四川西南航空职业学院统筹教材的编写，符合民航安检职业技能新标准，是学、练、测相结合的交互式学习的新型教材。

由于编者水平所限，教材中难免有不尽如人意之处，恳请广大读者提出宝贵意见，以便我们修订时作进一步完善。

编者

《国家中长期教育改革和发展规划纲要（2010—2020年）》明确提出：中等职业教育与高等职业教育协调发展，构建现代职业教育体系，增强职业教育支撑产业发展的能力。职业教育为社会、经济和人的发展服务已成为职业教育理论工作者与实践工作者的共识。

近年来，随着社会、经济的进步，民航业得到空前的发展。民航业的大发展需要大量道德高尚、素质优良、技能娴熟的一专多能的民航服务人才，还需要一批办学理念先进、教学与实习实训设备精良、师资力量雄厚的民航服务类学校。院系应运而生，为促进民航服务业的发展做出了重要贡献。

培养高素质的民航服务人才，离不开高质量的学校，离不开高水平的教师，更离不开理念先进、内容丰富、形式新颖的精品教材。为此，我们组织全国行业职业教育教学指导委员会、全国中等职业教育教学改革创新指导委员会、职业教育教学研究机构的专家，全国近20家民航服务企业的行家，以及具有丰富的民航服务专业教学与教材编写经验的优秀教师群策群力编写了本套教材。

本套教材立足国内民航服务企业相关工作岗位对人才素质与能力的要求，针对民航服务专业学生职业生涯发展的需求编写。在体系结构上，本套教材涵盖民航服务专业的所有课程，各册教材有机衔接，体系完整。在内容上，本套教材涵盖民航服务的典型工作任务，体现了"贴近社会生活、贴近民航服务工作实际、贴近学生特点"，"与职业岗位群对接、与职业资格标准对接、与实际工作过程对接"的"三贴近""三对接"的特点，注重学生职业核心能力的培养。在形式上，本套教材按照"具体—抽象—实践"的逻辑顺序，设计了"相关链接""想一想""练一练""思考与练习"等栏目，行文中图文并茂，突出了教材的可读性与互动性，既方便教师的教，也方便学生的学。本套教材既可供职业院校航空服务专业学生使用，也可作为民航企业员工培训教材或参考资料。

本教材针对目前严峻的民航安全检查形势，对民航安全检查的各个环节进行了详细的介绍，内容丰富，体例新颖，实用性与操作性强，实现了理论与实践的有机融合。本书由魏全斌担任主编，由陈新、陈林、曾远志、余磊、王安民担任副主编，由刘桦、李一、刘德宏、杨省贵、陈铁民、张可宝、程冲、孙琦雯、杨海琳、贾品波参编，全书由余磊、王安民统稿。

在编写过程中，本教材得到了中国民用航空厦门安全监督管理局局长陈铁民、上海浦东国际机场安检站站长陆建华、上海虹桥国际机场安检站站长张可宝、成都双流国际机场安检站书记唐世荣、重庆江北国际机场安检站站长裴明学、广州白云国际机场安检站站长周洪清等民航企业专家，四川西南航空专修学院、成都航空旅游职业学校、成都市礼仪职业中学、成都财贸职业中专学校、成都市现代职业技术学校等职业院校骨干教师的宝贵意见与建议；由全国各大航空公司、机场服务企业知名的专家领导组成的"全国高等职业学校航空服务专业系列教材建设企业专家指导委员会"的专家对教材的内容、编写体例等提供了大量的建议，有力地保证了本教材与民航服务企业的实际工作要求相吻合，在此一并表示衷心感谢。

由于水平有限，教材中难免有不尽如人意之处，恳请广大读者提出宝贵的意见，以便我们修订时加以完善。

目录
CONTENTS

目录
CONTENTS

项目一 了解民航安检

▪项目导入▪

在繁忙的机场，我们经常看到飞机在跑道上起飞和降落，但是很少了解保障飞机安全飞行的重要环节——民航安检。今天，我们就来一起探索民航安检，了解这一行业的工作内容、职责和重要性。

民航安检是保障飞行安全的第一道防线。它涉及多个方面的内容，包括对旅客、行李、货物、机组的检查，以及对航空器的外围环境、跑道、停机位等的安全检查。这些检查看似烦琐，却是必不可少的，因为任何一点疏忽都可能导致无法挽回的后果。

那么，如何进行有效的民航安检呢？安检员需要具备哪些知识和技能？他们在工作中又是如何发现和排除安全隐患的呢？接下来，我们将逐一解答这些问题，带你全面了解民航安检的基础知识。

·项目导图·

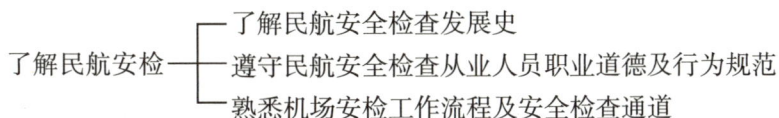

了解民航安检 ——┬── 了解民航安全检查发展史
　　　　　　　　├── 遵守民航安全检查从业人员职业道德及行为规范
　　　　　　　　└── 熟悉机场安检工作流程及安全检查通道

云学习

·学习初体验·

活动步骤如下：

1. 将同学们分成若干小组，每个小组 5~6 人。

2. 每个小组在实训室做准备，要求实训室包含机场安检设备，如安检门、X 射线安全检查仪、手持金属探测器等。

3. 轮流扮演安检员和旅客的角色，对其他小组成员进行安检。

4. 在体验过程中，要注意观察和记录安检流程、安检设备的使用方法以及安检员与旅客的沟通方式等。

5. 体验结束后，开展讨论和总结，分享在体验中发现的问题和不足，并提出改进建议。

通过这个活动，可以亲身体验民航安检的过程，更好地理解安检的流程和要求。同时，也可以在实践中发现和解决问题，提高自己的安全意识和责任心。同学们可以观看一些优秀安检员的工作照片或视频，了解安检员的工作状态和工作要求，进一步加深对民航安检基础知识的理解。

任务一
了解民航安全检查发展史

·任务描述·

1933 年，一架美联航的波音 247 飞机在印第安纳州切斯特镇附近的空中爆炸，造成了 3 名机组成员和 4 名旅客丧生。根据目击者的描述，飞机是在空中突然爆炸，变成了一个火球。警方和航空公司随即对这起空难展开了调查，并且在残骸中发现了大量硝化甘油的残留痕迹，证实这是一起蓄意的破坏事件，但是介于当时的刑侦手段有限，这起案件最终成为了一件无头公案。这就是民航历史上第一起飞机爆炸案。

通过这个任务描述，可以了解民航安全检查的必要性，以及民航安全检查在保障飞行安全方面的重要作用。同时，也可以理解民航安全检查工作的历史背景和发展趋势。

·学习任务单·

任务目标	知识目标	1. 了解国际上民航安全检查的发展历程； 2. 了解我国民航安全检查的发展历程。
	能力目标	1. 能够分析民航安全检查的重要性和必要性； 2. 能够描述民航安全检查的工作流程和操作方法； 3. 能够运用相关知识解决实际工作中的问题。
	素养目标	1. 培养对民航安全检查的责任感； 2. 培养对民航安全检查的积极态度。
思政融入		1. 培养爱国主义情感，增强国家意识和法治意识； 2. 培养严谨细致、认真负责的工作态度； 3. 培养创新精神和实践能力，为国家航空事业的发展作出贡献。
学习时数		建议学习时间为1~2学时，可以根据实际需要进行调整。
学习建议		1. 提前预习相关知识，了解历史上的民航安全事故，理解民航安全检查工作的重要性； 2. 对最新的民航安全检查技术和方法进行研究和探讨，培养创新思维。

续表

学习运用	进行小组讨论，总结民航安全检查的发展历史，并探讨民航安全检查的最新发展情况和未来发展趋势，以便在未来工作中树立风险责任意识。
学习反思	

·知识准备·

一、国际上民航安检的产生和发展

（一）国际上民航安检的产生

20世纪60年代末期，劫炸机事件直线上升，劫炸机范围迅速扩大。劫炸机事件的频繁发生，严重影响了航空业的正常运输和经营，危及旅客、机组人员的生命财产安全，成为一个国际性问题。据国际航空运输协会的不完全统计，1969年至1979年的十年间，在劫炸机事件中被扣作人质的达37756人，死亡1600人，受伤1045人，在死亡人员中，有的是惨遭杀害的，有的是飞机在空中爆炸或人为破坏致使飞机失事造成的。

劫炸机事件的不断发生引起了国际社会的高度重视，联合国和国际民航组织严厉谴责非法劫持和其他危害民航安全的行为，呼吁加强国际合作，积极采取有效措施，制止这类事件的发生。各国政府为确保飞机和旅客、机组人员的安全，维护国家的声望和航空公司的声誉，开始设置安全检查岗位。安全检查首先在航空运输业比较发达的国家产生，随后发展成全球性的航空安全保卫措施。

（二）国际上民航安检的发展概况

国际上安全检查的发展经历了由点到面、由手工到仪器检查的过程，从检查的方式手段看大体可分为四个阶段。

第一阶段，手工检查阶段。从1970年开始，安全检查工作首先在美国、日本等国家的主要机场实施，检查的方式是用双手触摸旅客的身体，手动开箱包检查旅客的行李，整个检查全部用手，没有任何仪器。

第二阶段，从手工检查到仪器检查的过渡阶段。1973年美国率先在主要国际机场使用仪器检查，次年日本也在一些大的机场安装了检查仪器，紧接着法国、瑞士、英国等也积极效仿，开始使用仪器配合检查，这一阶段的主要特点是仪器检查和手工检查并用，仪器检查只是在几个先进的国家的一些繁忙的大机场被使用，至于旅客流量不大的中小机场，大多还是用手检查。

第三阶段，仪器检查普及阶段。随着科学技术的发展，安全检查仪器的质量不断提高，X射线安全检查仪从单能量逐步发展成多能量，反映在监视器荧光屏上的图像越来越清晰，并且有立体感，使人较容易辨别行李中的各种物品。仪器检查很快成为机场安全检查的主要手段。与此同时，安全检查的组织机构也日趋严密和完善，美国的机场把安全公司作为专门机构，法国、瑞士等国家的安全检查则由内务部和国防部共同负责。

第四阶段，从一般仪器检查到新型多功能检查仪的过渡阶段。起初世界各国使用的X射线安全检查仪主要用于检查藏匿的枪支、子弹、匕首、炸弹等金属性的危险物品。近年来劫机者、恐怖分子为了逃避检查，改用非金属性的危险物品，特别是塑性炸药进行劫炸机活动。国际民航组织越来越重视"防炸机"这个新课题，目前已有多种能探测出非金属爆炸物的化学分析仪器研制成功，并在一些机场投入使用。

二、我国民航安检的产生和发展

（一）我国民航安检的产生

20世纪50年代，周恩来总理指示民航要"保证安全第一，改善服务工作，争取飞行正常"。我国民航部门长期以此为工作方针，始终坚定不移地执行，坚持把安全工作放在首位，在国际航线上未发生等级飞行事故，飞行安全记录在国际上处于领先行列。

20世纪70年代初期，国际上航空运输业发达的国家在机场开始使用安全检查仪器。我国虽然没有劫持民航飞机的事件发生，但我国政府已意识到预防劫机事件发生的重要性，开始提出机场安全检查的问题，并着手进行思想上和物质上的准备。随后，公安部下发了关于对外开放机场实施安全检查的通知，指出在开放机场设置技术器材，加强安全检查工作，以北京、上海两市的机场为重点，逐步安装、建设、实施安全技术检查。为落实通知要求，公安部首先给北京首都机场安装了金属探测器，还准备安装X射线安全检查仪和监控设备，自此我国的民航安全检查产生了。

（二）我国民航安检的发展概况

从体制变化和发展过程来看，中国民航安全检查大致可分为五个阶段。

第一阶段，1981年4月至1981年11月。在部分国际机场，边防检查部门负责对乘坐国际航班的旅客及其携带的行李物品实施安全检查。此阶段我国仅仅对乘坐国际航班的旅客实行安全检查，航空安全仍难以保证。

第二阶段，1981年12月至1983年6月。我国境内的民用机场，由民航公安保卫部门负责对乘坐民航国内航班的旅客及其携带的行李物品实施安全检查。此阶段安全检查工作虽然已经全面开展，涉及面较广，但仪器设备、规章制度、队伍管理等都处在初级阶段，尚有许多漏洞。

第三阶段，1983年7月至1992年3月。针对"5·5劫机事件"，武警部队先后组建56个机场安全检查站，接手民航公安保卫部门负责的国内航班安全检查工作，以武装警卫的形式对所有乘坐飞机的旅客及其携带的行李物品进行安全检查，并负责隔离区的安全管理和出（过）港飞机在客机坪停留期间的监护任务。同时，考虑到加强和改善民航安全保卫工作需要一定的时间，武警部队还采取了临时性的紧急措施，限定乘坐民航班机的人员必须是县团级及以上的干部和经过批准的陪同外宾、华侨、港澳同胞的翻译及其他工作人员。

第四阶段，1992年4月至2002年2月。20世纪90年代，由武警部队负责民航安检工作已经不再适应国家的发展形势，为理顺民航机场安全管理方面的关系，国务院决定将民航安检工作移交给民航总局，由民航总局下属的各机场负责安检。

第五阶段，2002年3月至今。2002年3月，国务院从我国民航业的实际出发，按照市场取向，深化民航体制改革，提出政企分开、转变职能、机场下放、属地管理等改革目标，实现企业与政府主管部门脱钩，机场属地化管理。自此，民航安检机构随机场下放，由属地各机场负责，民航行政机关依法对民航安检工作履行行业监管职能。

·效果检测·

1. 国际民航安全检查的起源是（　　　）。

A. 20世纪60年代末的劫炸机事件

B. 联合国和国际民航组织的决议

C. 加强国际合作，积极采取有效措施

D. 航空运输业比较发达国家的政府、机场和航空公司

2. 国际民航安全检查的第二阶段是（　　　）。

A. 手工检查

B. 仪器检查普及

C. 手工检查到仪器检查的过渡

D. 从一般仪器检查到新型多功能检查仪的过渡

3. 国际民航安全检查的第四阶段使用了哪些设备？（　　　）

A. 金属探测器和X射线安全检查仪　　　　　B. CT机

C. 车底检查仪　　　　　　　　　　　　　　D. 手工检查

4. 下列选项中，不属于中国民航安全检查第三阶段的是（　　　）。

A. 考虑到"5·5劫机事件"，武警部队先后组建56个机场安全检查站

B. 武警部队负责机场安全检查工作已经属于初级阶段

C. 以武装警卫的形式对所有乘坐飞机的旅客及其携带的行李物品进行安全检查，并负责隔离区的安全管理和出（过）港飞机在客机坪停留期间的监护任务

D. 考虑到加强和改善民航安全保卫工作需要一定的时间，武警部队还采取了临时性的紧急措施

5. 下列选项中，不属于中国民航安全检查第一阶段特点的是（　　）。

A. 对旅客携带的行李物品实施安全检查

B. 尚有许多漏洞

C. 仪器设备、规章制度、队伍管理等都处在初级阶段

D. 仅仅对乘坐国际航班的旅客实施安全检查

任务二
遵守民航安全检查从业人员职业道德及行为规范

· 任务描述 ·

2021年6月13日12时许，旅客陈女士在某机场接受安全检查过程中，被安检员告知其手机需要放入托盘中过检。在陈女士未听从告知的情况下，安检员从旅客手中拿过手机放入托盘内，陈女士质疑安检员动作粗鲁，称安检员从其手中抢过手机扔进托盘，造成其手机屏幕受损，随后双方发生争执。现场监控显示，在争执过程中，双方都没有很好地控制个人情绪，当事安检员在面对旅客的语言冲击时，没有很好地控制个人情绪，做出了与其岗位身份不相符的行为。旅客陈女士言语激动，不顾安检员劝阻，在安检通道内录像，并在安检通道滞留40多分钟，对安检现场秩序造成一定影响。最后，在机场公安机关要求下，陈女士将违规在安检通道内录制的视频删除。

事发后，安检部门值班队长第一时间在现场与陈女士进行沟通、解释，安抚陈女士的情绪，并与其共同查看了手机情况，确认手机屏幕保护膜出现裂痕。随后陈女士同意机场赔偿其手机屏幕保护膜费用，接受了赔偿金以及当事安检员的道歉后离开了安检现场。

针对当事安检员在事件处理中的不当行为，安检部门对其做出了停职检查、待岗培训的处理。

通过这个任务描述，我们可以认识到，在安检工作中，如果安检员职业行为规范欠缺，会造成严重的安全隐患，因此职业道德及行为规范是安全检查的重中之重。

· 学习任务单 ·

任务目标	知识目标	1. 理解职业道德及行为规范的重要性； 2. 熟悉民航安全检查从业人员的职业道德要求； 3. 学习民航安全检查从业人员的行为规范。

续表

任务目标	能力目标	1. 掌握民航安全检查从业人员应具备的专业能力和技能； 2. 能够正确运用职业道德和行为规范指导实际工作。
	素养目标	1. 培养对民航安全检查工作的责任感； 2. 培养对职业道德和行为规范的认同感和自觉遵守的意识； 3. 培养团队合作精神和服务意识。
思政融入		1. 培养社会主义核心价值观，坚定社会主义理想信念； 2. 提高职业道德意识，培养社会责任感； 3. 通过学习民航安全检查从业人员的职业道德和行为规范，了解社会主义核心价值观在各行各业的具体体现，做到诚实守信、严守纪律。
学习时数		建议学习时间为1~2学时，可以根据实际需要进行调整。
学习建议		1. 在开始学习之前，要理解职业道德对民航安全检查从业人员的重要性：职业道德不仅关乎个人的职业素质，也关系到公众对航空业的信任和满意度； 2. 在学习理论知识的同时，也要结合实际工作理解和应用这些知识； 3. 由于航空业是一个不断发展和变化的行业，因此，要定期复习和更新知识，以保持对最新职业道德准则的了解。
学习运用		1. 可以通过模拟训练的方式，检验自己对职业道德准则的理解和应用能力。例如，可以设定一些实际工作中可能遇到的情况，然后考虑如何根据所学的道德准则进行处理； 2. 通过团队讨论和分享，学习他人的经验，发现自己可能忽视的问题，提高团队合作能力。
学习反思		

· 知识准备 ·

一、职业道德的含义

"志于道，据于德"，人作为社会性的动物，行为总要受到约束。法律是底线，道德是高线。道德是社会关系的基石，是人际和谐的基础，要始终把弘扬中华民族传统美德、加强社会主义思想道德建设作为极为重要的战略任务来抓，为实现中华民族伟大复兴的中国梦提供强大精神力量和有力道德支撑。职业道德是人们在职业活动中应遵循的特定职业规范和行为准则，即正确处理职业内部、职业之间、职业与社会之间、人与人之间关系时应当遵循的思想和行为的规范。民航领域的职业道德体现了社会主义核心价值观，是从业人员在职业活动中的行为标准和要求。

二、职业道德的特点

职业道德的特点主要表现在以下四个方面。

（一）范围上的特殊性

职业道德是调整职业活动中各种关系的行为规范。社会职业千差万别，职业道德因行业而异，特定的职业具有特殊的职业道德规范，职业道德从各自的职业要求出发，旨在规范本职业人员的职业行为。职业道德适用的范围因职业的不同而千差万别。从民航系统看，安检的职业道德，主要是指调节安检员与旅客、货主之间关系的职业道德。

（二）内容上的稳定性、连续性

职业道德与职业生活紧密相连，人们在长期的社会实践中形成了稳定的职业心理和世代相袭的职业传统习惯。

（三）形式上的多样性、具体性

职业道德的内容千差万别，形式灵活多样，各行各业从突出自身特点出发，将职业道德的内容具体化、规范化、通俗化。

（四）执行上的纪律性

纪律也是一种行为规范，但它是介于法律和道德之间的一种特殊的规范。它既要求人们能自觉遵守，又带有一定的强制性。就前者而言，它具有道德色彩；就后者而言，又带有一定的法律色彩。就是说，一方面，遵守纪律是一种美德；另一方面，遵守纪律又带有强制性。

三、安检员职业道德规范的基本要求

在我国，安检员职业道德规范是社会主义职业道德在民航安检职业活动中的具体体现，既是安检员处理好职业活动中各种关系的行为准则，也是评价安检员职业行为好坏的标准。鉴于安检工作的特殊性，安检员应首先从观念上解决好以下四个方面的问题。

（一）树立风险忧患意识

非法分子可能会试图通过劫持航空器、破坏航空器、故意传播虚假恐怖消息等犯罪活动来危害航空安全。因此，机场安检工作是一项非常重要的工作，机场安检员需要时刻保持警惕，以确保能够发现任何潜在的威胁，并采取适当的措施应对这些威胁。每一位安检员必须牢牢树立风险忧患意识，坚决克服松懈、麻痹等心理，保持高度警惕的精神状态，将各种不安全的隐患及时消灭。

（二）强化安全责任意识

任何职业都承担着一定的责任，职业道德把忠实履行职业责任作为一条主要的规范。职工应从认识上、情感上、信念上乃至习惯上形成忠于职守的自觉性，坚决谴责任何不负责任、玩忽职守的行为，无视职业责任造成严重损失的，将受到法律制裁。安检的每一个岗位都与旅客生命和财产的安全紧密相关，空防安全无小事，安全责任重如泰山。我们必须时刻保持清醒的头脑，正确分析安全形势，明确肩负的安全责任，做到人在岗位，心系安全，坚持空防安全的操作规程一点不放松，执行空防安全的指令规定一字不变，履行空防安全的职责一寸不退，确保空防安全万无一失，让旅客放心。

（三）培养规范执勤意识

安检员成年累月地与旅客交往，一言一行都代表着中国民航的形象。祸患常积于忽微，安检员要时刻注意执勤的规范性，不能因工作疏忽造成负面影响，也尽量避免给自己带来职业风险。

每一位安检员都要自觉树立规范执勤意识，摆正个人形象与国家民族声誉的关系，纠正粗鲁、生硬等不规范的检查行为，按照民航安检的既定标准和要求进行检查操作，做到执勤检查规范、执勤仪容规范、执勤行为规范、执勤语言规范，塑造安检队伍规范的执勤形象。

（四）树立敬业奉献意识

安检职业的特点，要求我们必须把确保空防安全放在职业道德规范的首位，要求安检战线广大干部职工有强烈的事业心、高度的责任感和精湛的技术技能，具有严格的组织纪律观念和高效率、快节奏的工作作风，具有良好的思想修养和服务态度。从安检岗位所处的特殊环境看，安检员要确立敬业奉献意识，必须正确对待三个考验：一是严峻的空防形势考验。安检队伍是在严峻的空防形势中产生和发展的，年复一年，日复一日，必须高度警惕，守好岗位。二是繁重的岗位工作考验。安检员长年累月艰苦奋战在一线岗位。三是个人利益得失的考验。为了民航全局的整体利益，为了空防安全的万无一失，每个安检员要在其位尽其责，经受住考验，视空防安全为自己的生命，热爱安检岗位，乐于无私奉献，立足安检岗位建功立业。

四、安检员职业道德规范的基本内容

安检职业道德规范，是在确保安全的前提下，以全心全意为人民服务和集体主义为道德原则，把"保证安全第一，改善服务工作，争取飞行正常"落实到安检员的职业行为中，树立敬业、勤业、乐业的良好道德风尚。

（一）爱岗敬业，忠于职守

爱岗敬业、忠于职守是指在自己的工作岗位上，全心全意地投入工作，认真履行职责，不断提高自己的工作能力和业务水平。这种精神不仅体现了个人的职业道德和职业素养，也是企业发展的重要保障。

爱岗敬业、忠于职守是社会主义国家对每一个从业人员的基本要求。任何一种职业都是社会主义建设和人民生活所不可缺少的，都是为人民服务、为社会作贡献的。无论什么工作，无论你是否满意这一职业，定岗以后，都必须尽职尽责地做好本职工作，因为任何一种职业都承担着一定的职业责任，只有每一个职业劳动者履行了职业责任，整个社会才能有条不紊地运行。因此，我们应当培养高度的职业责任感，以主人翁的态度对待自己的工作。

　　爱岗敬业、忠于职守是安检员最基本的职业道德，爱岗敬业、忠于职守的基本要求如下。一要忠实履行岗位职责，认真做好本职工作，安检员要以忠诚于国家和人民为己任，认真履行自己的职业责任和职业义务。不论是查验证件，进行人身和行李物品检查，还是监护飞机，都要做到兢兢业业，忠于职守。二要以主人翁的态度对待本职工作，树立事业心和责任感。每一名安检员都是民航的主人，是民航事业发展的创造者。安检工作是民航的一个重要组成部分，大家要自觉摆正个人与民航整体的关系，树立"民航发展我发展，民航兴旺我兴旺，民航安全我安全"的整体观念，热情地为民航发展献计，主动为空防安全分忧，自觉为安检岗位操心，牢记全心全意为人民服务的宗旨，一言一行对人民负责，为祖国争光。三要发扬吃苦耐劳的精神。正确对待个人的物质利益和劳动报酬等问题，克服拜金主义、享乐主义和极端个人主义的倾向，乐于为安检岗位作贡献。四要反对玩忽职守的渎职行为。安检员在职业活动中尽职尽责，不仅直接关系到自身的利益，而且关系到国家和人民生命财产的安全。玩忽职守、渎职失责的行为，不仅会影响民航运输的正常活动，还会使公共财产、国家和人民利益遭受损失。

（二）钻研业务，提高技能

　　职业技能，也称职业能力，是我们在职业活动中履行职业责任的能力手段，它包括实际操作能力、处理业务能力以及有关的理论知识等。

　　钻研业务、提高技能是安检职业道德规范的重要内容。掌握职业技能，是完成工作任务，为人民服务的基本手段，与个人能力大小、知识水平高低有关，直接关系到安检工作质量和服务质量，关系到人民群众的切身利益。安检工作是一项政策性、技术性与专业性都很强的工作。一方面，从安全检查的内容来看，它包括验证、开机、设备维修等技术性工作；另一方面，从安全检查的对象来看，旅客携带的行李物品各种各样，有的是一般生活用品，有的则可能是管制刀具、易燃易爆物品、传染性物品、腐蚀性物品，以及一些高科技产品，如精密仪器等。若要准确无误地从各式各样的物品中查出危险物品和违禁物品，仅靠责任心是不够的，还需要有较强的业务技能。因此，安检员要刻苦钻研业务知识，精通业务技能。

　　安检员应提高业务技能，下功夫抓好三个基本功。一是系统的安检基础理论，如安检政策法规理论、防爆排爆基础理论、民航运输基础理论、飞机构造基础知识、计算机基础知识、法律基础知识、常用英语基础知识、心理学基础知识、外事知识、世界各国风土人情和礼节礼仪知识等。二是精湛的业务操作技能。无论是证件检查、X射线安全检查仪检查、人身检查，还是开箱包检查、机器故障的检测维修、飞机监护与清查，都是技术密集型工作，每个安检员应努力做到一专多能，精益求精，成为合格的岗位技术能手。三是灵活的现场应急处置技能。安检现场是成千上万旅客流动的场所，各种情况复杂多变，意想不到的突发问题随时可见，所以，提高现场灵活处置的能力显得尤为重要。

（三）遵纪守法，严格检查

　　遵纪守法是指每个劳动者都要遵守与职业活动相关的法律法规。严格检查、确保安全是安检员的基本职责和行为准则。遵纪守法、严格检查的基本要求包括三点。一是安检员在安检过程中，必须做到依法检查和按照规定的程序进行检查。《中华人民共和国民用航空法》和《中华人民共和国民用航空安全保卫条例》以及民航局有关空防工作的指令和规定，为安全检查提供了法律依据，也是安检工作步入法治化的契机。安检员要克服盲目性和随意性，强化法律意识，严格依法实施安全检查，学会运用法律武器处理问题，依照法律办事。二是安检员要自觉遵守党和国家的各项法律法规，自觉学法、用法、守法，严格遵守外事纪律、保密纪律、安检岗位纪律，自觉把好权力关、金钱关、人情关，严禁参与不法行为活动，做遵纪守法的模范。三是在实施检查工作中，在执行每次任务时，对每一道工序、每一个环节，安检员都要做到一丝不苟，全神贯注，严把验证、人身检查、行李物品检查、飞机监护几道关口，做到万无一失，把隐患消灭在地面上，让每一个航班平安起降。

（四）规范执勤，优质服务

规范执勤、优质服务，是安检员职业道德规范的重要内容，也是民航安检职业性质的具体体现，充分反映了"人民航空为人民"的宗旨。民航安全检查的根本任务是确保空防安全，安检员应通过规范的执勤、优质的服务来完成这一任务。

要真正做到规范执勤，必须从以下三方面着手：

（1）端正检查态度。安检员要以满腔热忱的感情对待工作，以诚恳周到、宽容耐心的态度对待旅客，避免用冷漠、麻木、高傲、粗鲁、野蛮的恶劣态度。

（2）规范执勤。安检员在执勤过程中应做到执勤检查规范、执勤仪容规范、执勤行为规范、执勤语言规范。执勤时仪容整洁，举止端庄，说话和气，想旅客所想，忧旅客所忧，树行业新风。

（3）正确认识严格检查、规范执勤、优质服务三者之间的辩证统一关系。坚持严格检查的要求不放松，通过规范的执勤、优质的服务，努力塑造民航安检的新形象，赢得社会的信赖和支持。

（五）团结友爱，协作配合

团结友爱、协作配合是处理职业团体内部人与人之间、协作单位之间关系的职业道德规范，是社会主义职业道德中集体主义原则的具体体现，是建立平等、友爱、互助、协作的新型人际关系，增强整体合力的重要保障。

对安全检查这一特定的职业来说，只有个人与同事之间团结协作，安检队伍与外部友邻单位密切联系，纵向系统与横向系统广泛交往，形成紧密联系、互相团结协作的纽带，空防安全才能成为坚不可摧的钢铁防线。我们讲团结协作，不是无原则的团结，而是真诚的团结，按照社会主义职业道德规范要求，应划清四个界限。一是顾全大局与本位主义的界限。要反对本位主义不良倾向，不能遇事只从本位主义、个体利益出发，而应站在全局利益和整体利益上认识和处理问题，这样才能求得真正的长远的团结。二是集体主义与小团体主义的界限。表面上看小团体主义也是为了集体，但与集体主义有着本质的区别，集体主义是国家、集体、个人三者利益的统一，小团体主义是不顾三者利益而只求单位团伙的利益，甚至牺牲别人利益而满足自己利益。三是互相尊重与互相推诿扯皮的界限。互相尊重是团结的基础，建立在平等信任的关系之上，而互相推诿扯皮是典型的个人主义和自由主义的反映，只能造成分裂，造成大家离心离德。四是团结奋进与嫉贤妒能的界限。团结奋进不仅是精神状态问题，而且是团结的最终目标。相反，嫉贤妒能是斗志、团结的腐蚀剂，要坚决反对。全体安检员要紧密凝聚成坚强的集体，为祖国民航事业的腾飞，为国家繁荣昌盛贡献力量。

· 效果检测 ·

1. （　　　）是人们在职业活动中应遵循的特定职业规范和行为准则。

A. 行为准则　　　　　B. 职业道德　　　　　C. 操作规程　　　　　D. 道德规范

2. 安检工作是一项（　　　）都很强的工作。

A. 政策性、学习性与技术性　　　　　　　B. 政策性、专业性与服务性

C. 政策性、专业性与技术性　　　　　　　D. 政策性、学习性与服务性

3. 根据民航安检工作的行业特点，安检职业道德规范的基本内容有（　　　）。

A. 钻研业务，提高技能　　　　　　　　　B. 遵纪守法，严格检查

C. 爱岗敬业，忠于职守　　　　　　　　　D. 规范执勤，优质服务

4. 安检职业道德规范要求安检员在确保安全的前提下，以全心全意为人民服务和集体主义为道德原则，把"（　　　）"落实在安检员的职业行为中。

A. 保证服务第一，改善服务工作，争取飞行正常　B. 保证服务第一，改善安全工作，争取飞行正常

C. 保证安全第一，改善服务工作，争取飞行正常　D. 保证安全第一，改善安全工作，争取飞行正常

5. 职业道德把忠实履行职业责任作为一条主要的规范，要求安检员从（　　　）、情感上、信念上乃至习惯上养成忠于职守的自觉性。

A. 认识上　　　　　B. 意识上　　　　　C. 主观上　　　　　D. 客观上

任务三
熟悉机场安检工作流程及安全检查通道

· 任务描述 ·

2018年12月18日，某机场发生了一起强闯机场安检通道事件。当时一名男子企图冲闯安检通道，被安检员阻拦，在交涉过程中该男子第二次企图冲闯通道，通道内安检员果断采取强制手段将其制服，并以

口头形式告知其行为已属于违法行为。随后，安检员通知机场公安人员。据公安机关调查，该涉事男子有吸毒前科，欲乘坐当晚航班前往昆明。随后涉事男子被公安机关处以 15 天的行政拘留。

由此我们可以认识到，机场安检对于民航空防安全的重要性。

·学习任务单·

任务目标	知识目标	1. 了解机场安检的基本概念、目的和重要性； 2. 掌握机场安检的工作流程，包括旅客安检、行李安检和货物安检； 3. 了解机场安检中使用的安全检查设备和技术，如X射线安全检查仪、手持金属探测器、爆炸物检测仪等。
	能力目标	1. 能够分析和判断旅客携带物品是否符合安检规定； 2. 能够熟练掌握各种安全检查设备的使用方法和操作技巧； 3. 能够在实际工作中，按照安检流程和规定，对旅客、行李和货物进行有效、准确的安全检查； 4. 能够在遇到特殊情况时，采取正确措施，确保安检工作的顺利进行。
	素养目标	1. 能够树立正确的职业道德观，认识到机场安检工作对维护国家安全和社会稳定的重要性； 2. 能够热爱自己的职业，以高度的责任心和敬业精神投入机场安检工作中； 3. 能够关心和尊重旅客，提高服务质量，为旅客提供安全、便捷的出行环境。
思政融入		1. 认识到国家安全是国家发展的基石，维护国家安全是每个公民的责任和义务； 2. 增强法治观念，遵守国家法律法规，自觉抵制违法犯罪行为； 3. 培养严格遵守法律法规和行业标准、细致认真、精益求精的工作态度。
学习时数		建议学习时间为1~2学时，可以根据实际需要进行调整。
学习建议		1. 在学习过程中，要注重理论知识与实际操作的结合，提高实践能力； 2. 关注国内外安检行业的发展动态，了解新技术、新设备的应用，提高自身的专业素养； 3. 关注国际安检行业的发展，学习借鉴国外先进的安检理念和技术，提高国际竞争力。
学习运用		1. 提高专业素养：通过学习本教材，掌握安检工作的基本知识和技能，提高自身的专业素养； 2. 培养安全意识：通过学习安检风险防范知识，增强自身的安全意识，为未来的工作和生活打下坚实的基础； 3. 提高实践能力：通过实践教学和案例分析，将所学知识应用于实际工作中，提高自身的实践能力。
学习反思		

一、民航安检工作的基本流程

值班领导在安全检查开始之前，应提前了解航班动态，接收上级传达的有关指示和通知。在开班前会时，针对当天的航班动态，平稳有序地布置工作，并传达上级有关指示和通知，提出本班要求及注意事项。

检查时，安检员提醒旅客按秩序排好队并准备好有效乘机证件，首先查验旅客的身份证件和登机牌，在安检系统中录入过检旅客信息，检查无误后加盖安检验讫章，再请旅客将随身物品放入托盘中，并将手提行李有序摆放在传送带上，通过 X 射线安全检查仪进行检查，请旅客通过安全门，对有疑点者要进行手工检查，发现可疑物品要开箱包检查，必要时可以随机抽查。在无仪器设备或仪器设备发生故障时，应当进行手工检查。

各安检勤务单位必须认真记录当天工作情况及仪器使用情况，并做好交接班工作。

二、安检通道设备

X 射线安全检查仪：通过 X 射线安全检查仪进行检查，可以检测出各种类型的违禁品，如爆炸物、武器、液体等。

通过式金属探测门和手持金属探测器：用于检测旅客身上携带的金属物品，如钥匙、手机等。

毫米波人体安检仪：对人体进行扫描检查，可以检测出金属物品和非金属物品，如火柴、打火机等。

爆炸物探测仪：爆炸物探测仪可以检测出各种类型的爆炸物，如炸药、烟幕弹等。

液体检测仪：液体检测仪可以检测出各种类型的液体，如果汁、化妆品等。

1. 简述安检通道过检流程。

2. 安检通道设备有哪些？

项目二　了解航空安全保卫法律法规

■项目导入■

　　在民航运输中，安全始终是重要的问题之一。为了保障旅客和机组人员的安全，民航安全检查是必不可少的环节。因此，了解航空安全保卫相关法律法规知识显得尤为重要。只有掌握了相关法律法规知识，才能更好地进行安全检查工作，确保民航运输的安全顺畅。

　　在本项目中，我们将介绍一些与航空安全保卫相关的国际组织和法律法规知识。通过学习这些知识，我们可以更好地理解民航安全检查的重要性，以及如何在工作中遵守相关规定，避免出现安全事故。

·项目导图·

了解航空安全保卫法律法规 ——┌ 了解航空安全保卫的国际组织
　　　　　　　　　　　　　　　└ 学习有关航空安全保卫的国际公约

云学习

·学习初体验·

活动步骤如下：

1. 引入：观看一段关于航空安全的视频，引起对航空安全的兴趣和关注。

2. 问题提出：观看一张旅客在飞机上遭遇危险的图片，思考为什么会出现这样的情况，并提出一些问题，如"旅客在飞机上遇到紧急情况应该怎么办？""航空公司应如何保障旅客的人身安全？"等。

3. 知识点介绍：介绍《中华人民共和国民用航空法》《中华人民共和国民用航空器适航管理条例》等法律法规的基本内容和作用。

4. 互动讨论：同学们分成几个小组，就所学知识点进行讨论和交流，提出自己的看法和观点，并尝试解答提出的问题。

5. 实践操作：设计一个模拟场景，扮演航空公司工作人员或旅客，通过角色扮演的方式加深对航空安全保卫法律法规知识的理解和运用能力。例如，模拟处理紧急情况的过程，或者模拟旅客与机组人员之间的沟通情景等。

6. 总结回顾：通过提问、小组分享等方式，对所学知识进行总结和回顾。思考如何在实际工作中应用所学知识，提高实际操作能力和应对突发情况的能力。

7. 作业布置：撰写一篇关于航空安全保卫法律法规知识的总结或读后感，这样可以巩固所学知识，并培养写作能力和表达能力。

任务一
了解航空安全保卫的国际组织

· 任务描述 ·

航空安全保卫是民航运输中至关重要的一环，为了确保旅客和机组人员的安全，国际组织在航空安全保卫方面发挥着重要的作用。本任务将介绍一些与民航安全保卫相关的国际组织，包括国际民用航空组织、国际航空运输协会等。通过了解这些组织的职责和工作内容，我们将更好地理解民航安全保卫的整体框架和合作机制。

· 学习任务单 ·

任务目标	知识目标	1. 了解航空安全保卫的国际组织的基本概况和作用； 2. 理解航空安全保卫的国际组织的形成和发展过程； 3. 掌握航空安全保卫的国际组织的运作机制和主要职责。
	能力目标	1. 能够正确阐述航空安全保卫的国际组织的宗旨、原则和运作方式； 2. 能够准确分析航空安全保卫的国际组织在国际航空安全合作中发挥的作用； 3. 能够灵活运用航空安全保卫的国际组织的规则和标准，解决实际工作问题。
	素养目标	1. 树立正确的航空安全观念，提高对航空安全的认识和理解； 2. 培养对航空安全问题的关注和重视，增强对航空安全的责任感和使命感； 3. 培养与国际接轨的思维方式，提高在国际合作中解决航空安全问题的能力。
思政融入		1. 树立爱国主义精神，强化国家意识； 2. 培养尊重国际规则、维护国际秩序的意识和能力； 3. 树立人类命运共同体意识，增强全球视野和国际胸怀。
学习时数		建议学习时间为2~4学时，可以根据实际需要进行调整。
学习建议		1. 提前预习相关知识，了解民航安全保卫的基本概念； 2. 积极参与课堂讨论和案例分析，加深对知识的理解和运用能力； 3. 制订学习计划，合理安排学习时间和任务，保证学习的连续性和效果。

续表

学习运用	1. 在实际工作中，能够运用所学知识分析和解决航空安全保卫问题； 2. 能够遵守相关法律法规和政策，确保航空运输的安全和顺利； 3. 能够参与相关培训和考试，提升自己的专业水平和职业素养。
学习反思	

· 情境问题 ·

某航空公司在进行安全检查时，发现一名旅客携带了违禁品。请根据民航安全保卫的国际组织和相关法律法规，分析该旅客可能面临的处罚和后果。

参考答案：

问题1：根据国际民用航空组织的规定，旅客携带违禁品可能面临以下处罚：

罚款：根据违禁品的种类和数量，可能会被处以一定金额的罚款；

禁止乘坐飞机：对于携带严重违禁品的旅客，可能会被禁止乘坐飞机一段时间或永久禁止乘坐飞机；

法律责任追究：如果违禁品涉及犯罪活动，可能面临法律责任追究。

问题2：美国联邦航空管理局对于违反航空安全规定的行为有以下处理措施：

警告和教育：对轻微的违规行为会给予警告和教育；

行政罚款：对于较为严重的违规行为，可能会处以一定金额的行政罚款；

刑事起诉：对于涉及犯罪行为的严重违规行为，可能会提起刑事诉讼。

问题3：根据中国民用航空局的相关规定，旅客携带违禁品可能会受到以下处罚：

罚款：根据违禁品的种类和数量，可能会被处以一定金额的罚款；

限制乘机资格：对于携带严重违禁品的旅客，可能会被限制乘机资格一段时间或永久限制乘机资格；

法律责任追究：如果违禁品涉及犯罪活动，旅客可能面临法律责任追究。

问题4：如果该旅客被认定携带违禁品，航空公司应该采取以下应对措施：

立即通知安保人员：将发现的情况及时告知机场安保人员；

协助调查和处置：积极配合相关部门进行调查和处置工作；

保护旅客隐私权：对相关信息进行保密，不泄露给其他人员。

问题5：除了法律处罚外，旅客还可能面临以下其他后果和影响：

社会声誉受损：一旦被发现携带违禁品，可能会给个人声誉造成负面影响；

旅行受阻：由于被禁止乘坐飞机或限制乘机资格，可能导致无法按计划出行；

经济损失：因被罚款或限制乘机资格而导致经济损失；

心理压力：面对处罚和后果，有心理压力和困扰。

· 知识准备 ·

一、国际民用航空组织概况

国际民用航空组织（International Civil Aviation Organization，ICAO）简称国际民航组织，是联合国系统中负责处理国际民航事务的专门机构，总部设在加拿大蒙特利尔。国际民航组织是政府间的国际组织，也是联合国组织的专门机构，其宗旨和目的在于发展国际航行的原则和技术，并促进国际运输的规划与发展。

国际民航组织标志

1944年11月1日至12月7日，52个国家在芝加哥召开国际民用航空会议，并签订了《国际民用航空公约》（通称《芝加哥公约》），按照公约规定成立了过渡性的临时国际民用航空组织（PICAO）。1947年4月4日，《芝加哥公约》生效，国际民航组织正式成立。

我国作为国际民航组织的创始成员国之一，1974年，当选为二类理事国，2004年，当选为一类理事国并连任至今。

拓 展 知 识

国际民航组织的成员国：

国际民航组织是联合国的一个专门机构，是为促进全世界民用航空安全有序的发展而成立的。民航组织总部设在加拿大蒙特利尔，制定国际空运标准和条例，是193个缔约国（截至2024年1月）在民航领域中开展合作的媒介。

每个成员国在国际民航组织中都有一定的代表权，共同参与决策和制定政策。

国际民航组织的主要机构：

理事会：由所有成员国的代表组成，负责制定国际民航组织的政策和指导方针。

委员会：负责特定领域的研究、审查和建议，如空中交通管理、航空器适航性等。

专门委员会：处理特定问题或任务，如航空安全、环境保护等。

国际民航组织的标准和规范：

飞行安全标准：包括飞行员培训、飞行操作程序等方面的规定。

空中交通管理标准：包括航线规划、航班调度等的规定，以确保航空器的高效运行。

航空器适航性标准：确保飞机和直升机符合国际安全标准，以保障旅客和机组人员的安全。

国际民航组织的会议：

国际民航组织大会每三年至少召开一次，各成员国代表齐聚一堂，讨论并决定重要议题。

此外，国际民航组织还定期举办各种专业会议和研讨会，以促进全球民用航空领域的合作和发展。

国际民航组织与其他国际组织的合作：

与联合国、世界卫生组织等国际组织保持密切合作，共同应对航空领域的挑战，如恐怖主义威胁、气候变化等。

通过国际合作和信息共享，加强全球民用航空的安全和可持续发展。

国际民航组织的影响和贡献：

为全球民用航空提供了统一的标准和规范，促进了航空运输的安全和效率。

通过推动技术创新和政策改革，促进了全球民用航空的发展和繁荣。

二、国际航空运输协会概况

国际航空运输协会（International Air Transport Association，IATA）简称国际航协，是全世界航空运输企业自愿联合组成的非政府性、非营利性的国际组织，其注册地为加拿大蒙特利尔，执行总部位于瑞士日内瓦。国际民航组织成员国的任一经营定期航班的空运企业，经其政府许可都可以成为国际航协的成员。

国际航空运输协会标志

国际航协成立于1945年4月。其基本职能包括：国际航空运输规则的统一、业务代理、空运企业间的财务结算、技术上合作、参与机场活动、协调国际航空客货运价、航空法律工作、帮助发展中国家航空公司培训高级和专门人员。

拓展知识

国际航协的历史和背景：

1. 国际航协成立于1945年，是全球航空业的非营利性组织。

2. 其使命是通过促进航空运输的便利、安全和可持续发展来改善全球旅行体验。

国际航协的组织架构：

1. 国际航协的最高决策机构是理事会，由来自各会员航空公司的代表组成。

2. 国际航协还设有多个委员会和专门机构，负责不同的任务和职责，如空中交通管理、航空安全等。

会员航空公司：

1. 国际航协拥有超过290家会员航空公司。

2. 会员航空公司共同遵守国际航协制定的运营规范和标准，以确保航空运输的安全性和可靠性。

航空运输市场：

1. 航空运输市场包括客运和货运两个方面。

2. 随着全球经济的发展和旅游业的兴起，航空运输市场呈现出快速增长的趋势。

3. 市场竞争越来越激烈，低成本航空公司的崛起对传统航空公司构成了挑战。

航空安全：

1. 国际航协致力于提高航空运输的安全性，通过制定标准和规范以及培训飞行员等方式减少事故风险。

2. 国际航协还与各国政府、其他国际组织和私营部门合作，共同应对恐怖主义威胁和其他风险。

技术创新：

1. 国际航协积极支持和推动航空运输行业的科技创新，以提升运营效率和客户体验。

2. 国际航协开发了移动应用程序、电子登机牌和虚拟机场等技术，以提升旅客的出行便利性。

可持续发展：

1. 国际航协致力于推动航空运输行业的可持续发展，包括减少碳排放、提高燃油效率等环保措施。

2. 通过与其他国际组织和企业合作，国际航协积极参与全球气候变化和环境保护议程。

· 效果检测 ·

1. 国际民航组织是什么时候成立的?

2. 我国在何时成为国际民航组织的一类理事国?

3. 国际民航组织的主要宗旨和目的是什么?

4. 国际航协的基本职能有哪些?

任务二
学习有关航空安全保卫的国际公约

· 任务描述 ·

当今世界，航空运输已成为人类社会经济发展的重要支柱。然而，随着航空运输的快速发展，各类安全问题也日益凸显。为了共同应对这一挑战，国际社会逐渐形成了有关航空安全保卫的国际公约，以确保全球航空安全，保护旅客及空乘人员的生命财产安全。在本学习任务中，我们将深入了解这些国际公约的产生背景、主要内容和重要意义。

· 学习任务单 ·

任务目标	知识目标	了解与航空安全保卫相关的国际公约的基本内容和框架。
任务目标	能力目标	1. 能够正确说出与航空安全保卫相关的国际公约的主要条款和要求； 2. 能够根据与航空安全保卫相关的国际公约，对具体的航空安全问题进行合理的分析和判断； 3. 能够结合实际情况，运用与航空安全保卫相关的国际公约解决具体的航空安全问题。
任务目标	素养目标	1. 增强对航空安全问题的关注和重视，提高对航空安全的敏感度和警觉性； 2. 培养对国际公约的尊重和遵守的意识，增强对国际规则的认同和接受程度； 3. 树立正确的国际观念和全球意识，增强与国际接轨的能力和素质。
思政融入		1. 树立爱国主义精神，强化国家意识； 2. 培养尊重国际规则、维护国际秩序的意识和能力； 3. 树立人类命运共同体意识，增强全球视野和国际胸怀； 4. 了解国际法，增强法律意识和合规意识。
学习时数		建议学习时间为2~4学时，可以根据实际需要进行调整。
学习建议		1. 提前预习相关教材内容，了解章节的基本框架和重点难点； 2. 收集并整理与航空安全保卫相关的国际公约及其落实情况的资料，结合案例进行分析和研究，加深对公约的理解和应用； 3. 以小组讨论、角色扮演等多种形式进行合作学习，互相交流学习心得和收获。
学习运用		1. 掌握与航空安全保卫相关的国际公约的相关知识，能够准确识别和解释公约中的关键要素； 2. 能够根据所学知识，分析国际公约对于各国航空安全保卫工作的影响，并提出落实公约的有效措施和方法； 3. 通过小组讨论、角色扮演等形式，深入了解和学习各国落实与航空安全保卫相关的国际公约的具体案例和实践经验； 4. 能够对所学知识进行反思和总结，形成自己的见解和思路，为日后的工作和学习打下良好基础。
学习反思		

· 情境问题 ·

　　某国政府宣布禁止携带某些物品登机，如刀具、爆炸物等。请问发布这种禁令的依据是什么？如何确保旅客遵守这些规定？

参考答案：

某国政府宣布禁止携带刀具、爆炸物等物品登机的禁令，主要基于航空安全的考虑。这些物品由于其本身的危险性和潜在威胁，一旦被非法携带或使用，可能对飞行安全、机组人员和旅客的生命安全造成极大的危害。因此，各国政府普遍通过立法或行政规定，明确禁止旅客携带此类物品登机，以确保航空运输的安全和顺畅。

·知识准备·

一、《国际民用航空公约》及其附件

《国际民用航空公约》是国际民航界公认的"宪章"，是现行航空法的基本文件，规定了民用航空的范围、实行措施和国际民航组织等基本内容。

国际民航组织制定的公约附件的正式名称为"国际标准和建议措施"，现已制定了19个附件：《人员执照的颁发》《空中规则》《国际空中航行气象服务》《航图》《空中和地面运行中所使用的计量单位》《航空器的运行》《航空器国籍和登记标志》《航空器适航性》《简化手续》《航空电信》《空中交通服务》《搜寻与援救》《航空器事故和事故征候调查》《机场》《航行情报服务》《环境保护》《安保——保护国际民用航空免遭非法干扰行为》《危险品的安全航空运输》《安全管理》。

拓展知识

《国际民用航空公约》通称《芝加哥公约》，于1944年12月7日在美国芝加哥签订，1947年4月4日正式生效。中国为该公约缔结国。1971年2月15日中国正式宣告承认该公约，1974年3月28日公约正式对中国生效。2024年3月18日，国际民航组织第231届理事会第5次会议审议通过了对15个附件不同批次的修订，本次所有附件修订源于9个技术专家组的提案。

二、有关航空安全保卫的国际公约

为阻止威胁、破坏国际民用航空安全与运行及非法劫持航空器行为的发生，国际民航组织先后制定了《东京公约》《海牙公约》《蒙特利尔公约》《蒙特利尔公约补充议定书》《北京公约》等国际公约，这些公约作为直接解决航空安保问题的国际文件已经被各国采纳并接受。

拓展知识

《国际民用航空公约》附件17，于1974年3月通过并生效。该公约规定了在防止对国际民用航空进行非法干扰的一切有关事务中，保证旅客、机组、地面人员和其他公众的安全是每个缔约国的首要责任。

（一）《东京公约》概述

《东京公约》全称为《关于在航空器内的犯罪和某些其他行为的公约》，由国际民航组织于1963年9月在东京签订。该公约规定航空器登记国有权对在机上的犯罪和犯罪行为行使管辖权，其主要目的是确立机长对航空器内犯罪的管辖权。

（二）《海牙公约》概述

《海牙公约》全称为《制止非法劫持航空器的公约》，由国际民航组织于1970年12月在荷兰海牙签订。该公约将劫机定为犯罪，规定了各缔约国对劫机犯罪行为实施管辖权，以及有关拘留、起诉或引渡罪犯的问题。

（三）《蒙特利尔公约》概述

《蒙特利尔公约》全称为《制止危害民用航空安全的非法行为的公约》，由国际民航组织于1971年9月在加拿大蒙特利尔签订。该公约的目的是通过国际合作，惩治从地面破坏航空运输安全的犯罪行为。

（四）《蒙特利尔公约补充议定书》概述

《蒙特利尔公约补充议定书》全称为《制止在用于国际民用航空的机场发生的非法暴力行为以补充1971年9月23日订于蒙特利尔的制止危害民用航空安全的非法行为的公约的议定书》，由国际民航组织于1988年2月在蒙特利尔通过。该议定书扩大了《蒙特利尔公约》对"犯罪"的定义，包括了发生在国际民用航空机场的非法暴力行为。如果这类行为危害或可能危害机场安全，各缔约国承允对犯罪者给予严厉的惩罚。该议定书还包括关于管辖权的条款。

（五）《北京公约》和《北京议定书》概述

《北京公约》全称为《制止与国际民用航空有关的非法行为的公约》，《北京议定书》全称为《关于制止非法劫持航空器的公约的补充议定书》，它们于2010年8月30日至9月10日在北京召开的国际航空安保外交会议上审议并通过，这是国际民航史上首次以中国城市命名的国际公约。2018年7月《北京公约》正式生效。

《北京公约》和《北京议定书》进一步将使用民用航空器作为武器和使用危险材料攻击航空器或其他地面目标定为犯罪行为；非法运输生物、化学和核武器及其相关材料，被定为应受惩罚的行为；确定条约范围内犯罪行为指挥者和组织者的刑事责任；明确了在特定情况下，同意或协助犯罪行为，不论该犯罪实际实施与否，都会受到惩罚。

（六）2014年《蒙特利尔议定书》概述

2014年《蒙特利尔议定书》由国际民航组织于2014年4月在蒙特利尔通过。该议定书在适用范围规则、刑事管辖权规则、飞行安保员规则三个方面对1963年的《东京公约》做出变更。

想一想

假设有一名旅客在乘坐由 A 国飞往 B 国的飞机上，利用登机手续将自己携带的生物武器材料藏匿在飞机上。在飞行过程中，该旅客向其他旅客释放了这种生物武器材料，导致多人受伤。这个案例可以根据哪些公约和议定书的条款进行分析？

参考答案：

1.《东京公约》：根据《东京公约》，航空器登记国有权对在机上的犯罪行为行使管辖权。在这个案例中，航空器登记国是 A 国，因此 A 国有权对这名旅客的犯罪行为行使管辖权。

2.《海牙公约》：该公约规定各缔约国对劫机犯罪行为实施管辖权。虽然这个案例中没有出现劫机行为，但旅客的犯罪行为同样危害了航空器的安全，因此可以适用《海牙公约》的管辖权规则。

3.《蒙特利尔公约》及《蒙特利尔公约补充议定书》：该公约和议定书规定了对危害民用航空安全的非法行为的惩罚。在这个案例中，旅客的犯罪行为危害了航空器的安全，因此可以适用这个公约和议定书的条款。

4. 2014 年《蒙特利尔议定书》：该议定书对 1963 年的《东京公约》做出了变更，包括适用范围规则、刑事管辖权规则和飞行安保员规则三个方面。虽然这个案例没有具体涉及这些规则的细节，但旅客的犯罪行为同样危害了航空器的安全，因此可以适用这个议定书的管辖权规则。

综上所述，这个案例可以适用《东京公约》《海牙公约》《蒙特利尔公约》及《蒙特利尔公约补充议定书》和 2014 年《蒙特利尔议定书》的条款，旅客应该受到相应的法律制裁。

· 效果检测 ·

1. 以下哪个附件规定了人员执照的颁发?（　　　）

A.《人员执照的颁发》

B.《空中规则》

C.《国际空中航行的气象服务》

D.《航空器的国籍和登记标志》

2. 根据《国际民用航空公约》，哪个附件规定了航空器的适航性?（　　　）

A.《国际标准和建议措施》

B.《空中规则》

C.《国际空中航行的气象服务》

D.《航空器国籍和登记标志》

3. 《东京公约》的主要目的是什么?

4. 《蒙特利尔公约补充议定书》对哪个公约进行了补充?

5. 《北京公约》和《北京议定书》是在哪里、何时通过的?

6. 2014年《蒙特利尔议定书》对哪个公约进行了变更?

项目三 前传检查

■项目导入■

　　前传检查岗位是民航安检过程中的重要一环，对于保障机场安全运营和提高过检效率具有重要意义。前传员需要引导旅客正确摆放过检行李，维持过检秩序，处理突发状况，确保安检过程顺畅有序。掌握前传检查岗位的工作规范，熟练运用处置异常情况的方法，既能提高自身业务素质，也能有效保障机场安全。本项目将详细介绍前传检查岗位的含义、职责安排、工作流程以及特殊情况处置的内容。

· 项目导图 ·

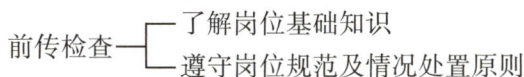

前传检查 ── 了解岗位基础知识
　　　　　 遵守岗位规范及情况处置原则

云学习

任务一
了解岗位基础知识

· 任务描述 ·

　　最近，有旅客反映在A机场安检过程中，前传员的引导不够明确，未提醒旅客提前将电脑、雨伞等物品取出单独过检，因此旅客在后端开箱包岗位需要把电脑、雨伞取出并二次过检，导致安检秩序混乱，旅客等候时间过长。据了解，当天值班的前传员是刚到岗不久的新人小王。小王对前传检查岗位的工作内容和职责不太熟悉，未能有效进行引导和秩序维持。那么，作为一名前传员，具体的工作职责有哪些呢?

·学习任务单·

任务目标	知识目标	1. 了解前传检查岗位； 2. 掌握前传员的主要职责。
	能力目标	能够熟练掌握前传员的主要工作内容。
	素养目标	1. 提高民航岗位服务意识； 2. 提升旅客过检体验舒适度。
思政融入		1. 具备安全责任意识，提高民航工作责任感； 2. 具备严守职业操守、守好空防第一道防线的意识。
学习要点		1. 掌握前传检查岗位的定义； 2. 了解前传检查岗位设立的目的； 3. 明确前传员的主要职责。
学习设施设备		多媒体教学设备。
学习时数		建议学习时间为1学时，可以根据实际需要进行调整。
学习建议		针对理论知识点进行导图式记忆；学习过程中认真解读案例，及时掌握处置问题的方法。
学习运用		在学习完成后，能以小组为单位完整地展示整个前传检查岗位的基本工作流程。
学习反思		

·知识准备·

一、前传检查岗位的概述

前传检查岗位是指在安全检查通道内，由专人对已经接受完验证检查的旅客进行引导，协助其将受检物品正确摆放在X射线安全检查仪的传送带上，并维持过检秩序、处理相关突发事件的岗位。（图3-1）

前传检查岗位设立的目的：保证安全检查通道顺畅、秩序井然。前传员的主要工作是在安检通道内对已通过验证检查并进入安检区域的旅客进行引导。

图3-1　前传检查岗位

二、前传员的主要职责

（1）引导和协助旅客将待检的行李物品放置在X射线安全检查仪的传送带上。

（2）提醒旅客提前从箱包内取出大件金属物品和需单独检查的物品单独过检，如雨伞、电脑、摄像机、充电宝等。

（3）请旅客将随身携带的金属物品（小件物品）放在指定的托盘里，通过X射线安全检查仪进行检查，旅客要求手工检查的特殊物品除外。

（4）引导旅客有序通过安全门。

（5）根据验证检查员的示意，通知X射线安全检查仪的操作员和人身检查员需重点检查的对象。

（6）协助验证检查员复查旅客登机牌，防止出现漏检现象。

· 效果检测 ·

1. 请根据前传员的工作职责，两人一组进行情境模拟训练。

2. 请旅客取出包内大件金属物品时，旅客表示不理解且不配合，你应该如何处理？

任务二
遵守岗位规范及情况处置原则

· 任务描述 ·

某机场一名旅客带瓷器过检，前传员小王要求旅客将瓷器放置在托盘里过检，因放置方式不对，在过X射线安全检查仪时，被X射线安全检查仪的铅门帘一挡，瓷器就顺势倒下并碎裂了，旅客要求赔偿。那么，在本次事件中，前传员小王的处置方法有哪些问题呢？

·学习任务单·

任务目标	知识目标	了解前传检查岗位工作流程。
	能力目标	能够熟练掌握前传检查岗位常见情况和特殊情况的处置方法。
	素养目标	通过特殊情况处置，培养处置突发情况的能力。
思政融入		紧跟以"平安、绿色、智慧、人文"为核心的四型机场建设方向要求，在技术技能方面打好基础，苦练基本功，筑牢安全生产底线。
学习要点		1. 了解前传检查岗位工作流程； 2. 掌握特殊情况的处置方法。
学习设施设备		多媒体教学设备。
学习时数		建议学习时间为1学时，可以根据实际需要进行调整。
学习建议		分组模拟练习、演示前传检查岗位特殊情况处置；学习过程中发现问题及时解决问题。
学习运用		在学习完成后，能完全掌握前传检查岗位工作流程，并熟练处理出现的特殊情况。
学习反思		

·知识准备·

一、岗位工作流程

前传检查岗位的工作流程如图3-2所示。

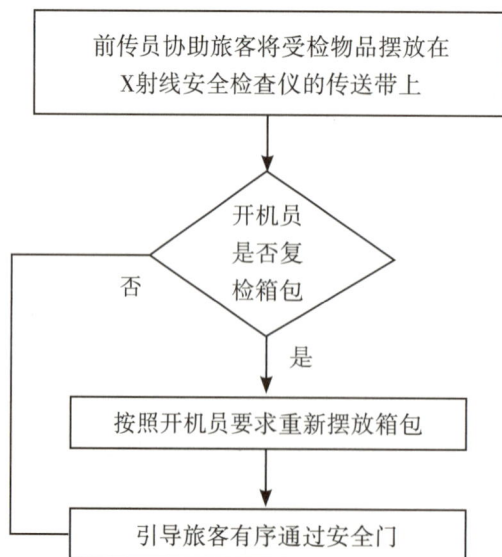

图3-2　前传检查岗位工作流程

二、特殊情况处置

（1）对精密仪器、瓷器等贵重易碎物品，要轻拿轻放，并通知X射线安全检查仪操作员注意接扶，防止将旅客物品损坏。

（2）对不宜经过X射线安全检查仪检查的物品，通知开箱包检查员对其进行手工开箱包检查。

（3）对怀孕的、带有心脏起搏器的、坐轮椅的或有重病等不宜通过金属探测门检查的旅客，前传员应提醒人身检查员进行手工人身检查。

（4）前传检查岗位处于安检通道的中心位置，常需要将安检通道内各种情况通知其他岗位。因此，前传员应掌握暗语，准确传递信息。

（5）前传员应根据机场流量、工作标准以及岗位的要求适时验放旅客，合理控制过检速度，保证安检通道的畅通。

· 效果检测 ·

1. 请描述前传检查岗位工作的基本流程。

2. 当旅客在前传检查岗位提出携带了易碎物品时，应如何处理？

3. 遇到不宜通过金属探测门检查的旅客，前传员应做什么？需要注意什么？

任务检测表

检测内容	分值	评分	备注
岗位工作流程	20		
特殊情况处置	50		
岗位职责	30		

项目四 证件检查

▪项目导入▪

　　证件检查是民航安检工作中的一项重要内容，也是安检员必备的基本能力之一。安检员对旅客的证件进行检查，核实旅客身份，可以有效地杜绝违规使用证件过检的行为，进而有力地保障航空器及旅客的生命财产安全。

·项目导图·

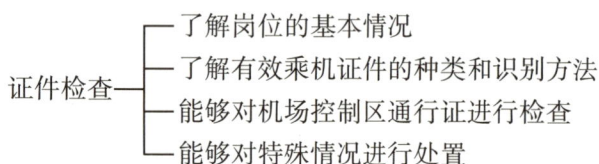

证件检查
- 了解岗位的基本情况
- 了解有效乘机证件的种类和识别方法
- 能够对机场控制区通行证进行检查
- 能够对特殊情况进行处置

云学习

·学习初体验·

活动步骤如下：

1. 开课前找两张人像部分相似度高的身份证。

2. 找两名与身份证本人相似度高但不是本人的同学。

3. 以小组为单位识别各组成员身份证与本人。

4. 在查看对比的过程中，仔细观察、讨论。

5. 查看结束后，小组之间进行讨论和总结，各组派代表分享他们的结果及其理由。

通过这个活动，对证件检查岗位有一个初步的体验，也能理解证件检查岗位工作的难度；在学习的过程中掌握相关的知识点，同时通过阅读、观看有关证件检查岗位的信息和视频，可以更为直观地了解证件检查岗位的职责，也避免在学习本项目内容的初期对自己产生否定心理。

任务一
了解岗位的基本情况

· 任务描述 ·

某机场安检二大队安检员小廖（化名）查到两起因为证件存在问题无法过检的事件。据了解，其中一起事件是因为身份证件超过有效期，当被告知身份证已过期且无法使用时，该旅客非常惊讶："应该没有问题吧？我用到现在都没出现问题。"

而另外一起则是因为使用假证，据了解，当时是一家三口共同乘机，然而三人出示的证件都是假证，这种全家持假证的情况，就连安检员也表示前所未见，更令人惊讶的是，当被告知证件是假证时，三名旅客的回答居然是："我们那里的身份证都长这样。"后来这三名旅客被警方带走调查。两起事件，旅客都因为证件问题耽误了旅程。这样的事情时有发生，这也反映了旅客对乘机证件的相关知识不够了解。

通过这两个案例描述，我们可以了解到在实际生活中，并非每一位旅客都对证件有一定了解，由于年龄、地区、环境等各方面的影响，很多旅客在乘坐民航客机时对有效证件存在误解或者缺乏了解的情况依旧存在，因此了解原因，采取针对性处理措施是非常必要的。

· 学习任务单 ·

任务目标	知识目标	1. 了解证件检查的基础知识； 2. 掌握证件检查的步骤； 3. 掌握进入隔离区前的准备工作； 4. 掌握证件检查的程序和方法。
	能力目标	1. 熟知证件检查岗位的操作流程，并独立完成上岗流程； 2. 能够学会并运用证件检查的方法。
	素养目标	1. 形成遵纪守法、按章操作的职业理念； 2. 培养民航服务意识以及对民航安检事业的热爱；
思政融入		1. 培养责任心，强化个人安全意识、服务意识，实现团队合作，做到诚实守信； 2. 遵守纪律和规范，遵守规章制度，保障国家与人民的利益。
学习时数		建议学习时间为2学时，可以根据实际需要进行调整。
学习建议		1. 针对理论知识点进行导图式记忆； 2. 学习过程中认真解读案例，掌握应对方法。

续表

学习运用	1. 能够根据所学知识，完成证件检查岗前准备工作； 2. 能够灵活运用证件检查方法； 3. 能够独立完成证件检查。
学习反思	

·情境问题·

2021年某机场的一名4岁男童未购票乘机，导致飞机延误5小时。经调查，该男童及其家长均是首次乘坐飞机，家长误以为1.2米以下儿童不用购买机票，携带未购票儿童登上飞机，其行为是否构成违法犯罪？

参考答案：

此次事件中，家长误以为1.2米以下儿童不用购买机票，无故意逃票行为，不构成违法犯罪行为。当日由于天气原因，航班已延误。在延误的5小时中，由未购票而导致的延误约1.5小时。当晚18时，该家长经警方教育被放行。

·知识准备·

一、证件检查岗位概述

（一）证件检查岗位设置的目的

验证员按章操作，文明执勤，是为了保证乘机旅客手续齐全，防止出现乘机手续不全情况、持假证件及冒用证件的人员、公安机关布控的嫌疑分子。

（二）证件检查岗位工作范围

该流程图适用于乘机旅客证件检查服务的全过程。（图4-1）

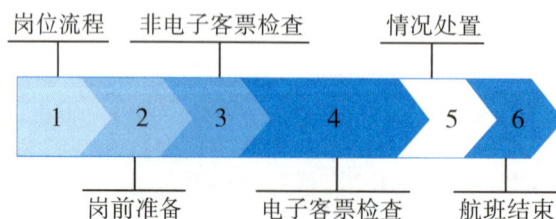

图4-1　乘机旅客证件检查服务全过程

（三）证件检查准备工作的实施步骤

首先，验证员应按时到达现场，做好岗前准备工作。验证员应按以下内容办理交接班手续：上级的文件、指示；执勤中遇到的问题及处理结果；设备使用情况；遗留问题及需要注意的事项等。

其次，验证员到达验证岗位后，将安检验讫章放在验证台相应的位置，开始进入待检状态。

最后，检查安检信息系统是否处于正常工作状态，并输入 ID 号进入待检状态。

需重点掌握的知识：

验讫章使用管理制度：验讫章实行单独编号、集中管理制度，落实到各班（组）。安检验讫章不得带离工作现场，如有特殊情况须带离时，必须经安检部门值班领导批准。

二、进入隔离区前的准备工作

（1）因工作需要进入控制区的人员，必须佩戴机场控制区通行证件，并接受安全技术检查。

（2）工作人员携带行李物品进入控制区必须经过安全技术检查，防止未经安全技术检查的行李物品进入候机隔离区。

（3）航站楼控制区内的商店不得出售可能危害航空安全的商品，商店运送商品前应当经过安全技术检查。

（4）经过安全技术检查的旅客应当在候机厅隔离区内等待登机，如因航班延误或其他特殊原因离开控制区的，再次进入控制区时应当重新接受安全技术检查。

（5）安检员对工作人员携带进入候机隔离区的工具、物料和器材实施安全技术检查，并进行核对和登记，工具、物料和器材使用单位应当安排专人负责监管。

典型案例

登机牌必须加盖安检验讫章才有效

旅客李小姐因害怕登机牌丢失给自己带来不必要的麻烦，为了保险起见，她打印了两张登机牌，但是，麻烦事还是发生了。

2020 年 7 月 16 日上午 8 时，机场值机人员告诉安检员，有一位李小姐持一张没有加盖安检验讫章的登机牌准备登机，安检员立即赶到现场并询问具体情况，李小姐面对询问道出实情，说自己因为害怕机场值机台办理的登机牌丢失，自行在家先打印了一张登机牌。没想到，过安检时她发现，值机台办理的登机牌真的不见了，只得用自己的备用登机牌。

李小姐不清楚在登机时必须使用加盖安检验讫章的登机牌，否则不允许登机。安全起见，安检员将李小姐带到安检现场并通过现场监控核实，李小姐确实是用另外一张登机牌进行安检的，安检员这才放心地帮助李小姐加盖安检验讫章，让她登机。

安检员提醒：登机时使用的登机牌必须加盖安检验讫章，旅客在通过安检之后应当妥善保管好自己的登机牌，以免误机。

三、证件检查的程序、方式

（一）证件检查的程序

（1）对乘坐国内航班旅客的验证检查，按照以下步骤进行。

①人、证对照，确认人、证相符。

②通过仪器或人工方式，识别证件真伪，确认有无变造、伪造情况。

③核实有效乘机凭证的姓名与有效乘机身份证件的姓名是否相符。

④扫描并核实乘机凭证的有效性，读取旅客乘机信息，采集旅客面部图像，并将相关信息集成录入民航安全检查信息管理系统。

⑤检查无误后，在有效乘机凭证上加注验讫标识并放行。

（2）对乘坐国际、地区及特殊管理的国内航线航班旅客的证件检查，按照下列步骤进行。

①对本人及证件照片进行人、证对照。

②核实有效乘机凭证的姓名与旅客证件上的姓名是否一致。

③扫描并核实乘机凭证的有效性，读取旅客乘机信息，采集旅客面部图像，并将相关信息集成录入民航安全检查信息管理系统。

④检查无误后，在有效乘机凭证上加注验讫标识并放行。

知识补充

民航安全检查信息管理系统概述

民航安全检查信息管理系统由计算机及其相关的配套设备设施（含网络）构成，是对人身、行李和航空货物等的安全检查信息、图像及安全检查现场视频、音频资料等信息进行采集、存储、传输、检索和显示等的处理系统，包括人身和行李安全检查信息管理系统、航空货物安全检查信息管理系统两种。

民航安全检查信息管理系统主要由信息采集、信息处理存储和管理、网络相关设备三部分构成。

民航安全检查信息管理系统应具备旅客基本信息采集，旅客行李 X 射线安全检查仪图像采集，视频、音频监控及信息采集，安全检查岗位人员信息采集，信息检索，有效事件日志，安全检查设备信息，信息存储、备份和恢复，信息管理系统权限管理等基本功能。同时应具备人员布控、查控功能，管理功能，登机口再确认等可选的扩展功能。

（二）证件检查的方式

证件检查主要包括证件真伪鉴别和人证一致判断两个方面的内容。一般采用仪器检查和人工检查两种方式。对于无法使用仪器进行检查的，可以通过对证件的外观式样、规格、印刷和照片，以及护照的内页等主要识别特征进行人工检查，确认有无变造、伪造，有无揭换照片。

1. 证件真伪鉴别

证件真伪鉴别应做到"一验、二看、三逻辑"。

（1）一验。

能够通过证件专用识别仪正常读取证件内置芯片所登记的证件信息。

第一，身份证识别仪查验。身份证识别仪将证件专用拍照设备的功能和第二代居民身份证读卡器的功能融于一体，不但可以以OCR方式识别多种证件信息，还可以读取第二代居民身份证、港澳台居民居住证、外国人永久居留身份证等证件的芯片信息，真正实现各种证件的电子化自动录入。

正确安装、连接身份证识别仪后，将旅客的第二代居民身份证按照正确方法放置于读卡区域，识别仪自动读取身份证的芯片信息并进行证件真伪核对，民航安全检查信息管理系统自动读取识别仪证件信息与旅客乘机信息，并与采集的旅客面部图像进行比对。

第二，护照识别仪查验。护照识别仪将证件专用拍照设备的功能和电子护照读卡器的功能融于一体，不但可以以OCR方式识别多种证件信息，还可以读取护照类证件的芯片信息，真正实现各种证件的电子化自动录入。正确安装、连接护照识别仪后，将旅客的电子护照个人信息页放置于读取区域，识别仪可自动读取护照信息并进行证件真伪核对，民航安全检查信息管理系统可自动读取识别仪证件信息与旅客乘机信息，并与采集的旅客面部图像进行比对。

（2）二看。

第一，观察证件外观，真的证件表面平整，图案、文字清晰，边缘光滑无毛刺毛边，看不到材料分层结构。第二，观察内置芯片（此方法适用于居民身份证，临时居民身份证无内置芯片）。使用强光源（如手机闪光灯）贴近居民身份证背面左下位置"公民身份"四字上方区域进行直射，真的证件隐约可见黑色不透光矩形区域即芯片，无此特征则为假的证件。

（3）三逻辑。

注意分辨三类逻辑对应关系。

出生日期与有效期限的逻辑对应关系。通过证件签发时持证人年龄与证件有效期限之间的对应关系进行判断，逻辑对应关系不符则为假的证件。

公民身份号码与出生日期及性别的逻辑对应关系。公民身份号码中出生日期代码应与出生年月日一致，分配顺序代码的最后一位奇偶性应与性别一致（奇数代表男性，偶数代表女性），逻辑对应关系不符则为假证。

公民身份号码校验码比对。通过具有校验码比对功能的机器或者其他公民身份号码校验码生成工具，现场录入公民身份号码前17位，比对生成的校验码与证件上登载的校验码是否相符，不符则为假的证件。

2. 人证一致判断

人证一致判断应做到"指纹人像机具比对，观察询问要仔细"。

（1）指纹人像机具比对。

①指纹比对。居民身份证内置芯片有两枚指纹的信息，可以通过有指纹比对功能的机具，现场采集持证人指纹，并与证件登载指纹信息进行比对，有一枚指纹比对成功即代表指纹核验通过，即人证一致。

②人像比对。居民身份证内置芯片有人像信息，可以通过有人像比对功能的机具，现场采集持证人人像，并与证件登载照片进行比对，核验通过即人证一致。比对证件登载照片与持证人本人相貌是否一致，可以按照"认人点为先，初看分布局，五官辨细微"的原则进行。"认人点为先"，即从最吸引人的点开始，如胖瘦、民族、年龄等此类整体印象，以及发际线、肤色、伤疤、痣等突出特点。"初看分布局"，即从脸型及五官布局等此类第一眼就可以确认的大概印象入手，如脸的形状、五官的比例位置等。人的五官比例包括三庭比例、耳朵位置、眉间距、眼间距、眉眼间距、人中长短等。"五官辨细微"，即辨认五官时，要从细微处入手。例如，对于耳朵，可以从耳的大小、耳的薄厚、耳廓形状、耳垂形状、耳的外张状态等方面观察；对于眼睛，可以从眼的大小、眼睑状态、眼球状态、眼角方向等方面观察；对于鼻子，可以从鼻背高低、鼻尖俯仰、鼻翼宽窄、鼻孔状态等方面观察；对于嘴巴，可以从嘴巴的大小、嘴角的走向、嘴唇的薄厚等方面观察。

（2）观察询问要仔细。

①询问持证人的姓名、出生日期、公民身份号码、民族、住址等证件登记项目，查看其能否准确回答。

②询问持证人的年龄、属相等内容，思考是否与证件出生日期一致。

③查验、核查及询问过程中，观察持证人的神态表情、言语行为等，进行综合判断。

新闻知识点

昆明机场安检进入"刷脸"时代

2017年7月，昆明长水国际机场引进"安检人证比对辅助系统"，内置二代身份证读卡器、200万像素高清摄像头、多尺寸液晶屏，配合云端人脸算法——从持证人核验证件、现场采集照片开始，到反馈比对结果，整个过程耗时不到1秒，精确度高达99%。

这是一套非常先进的人脸识别系统，能够有效提升安检验证工作效率。自7月初，昆明机场全面启用"安检人证比对辅助系统"后，安检通道已经陆续查获多名冒用证件过检的旅客。据介绍，一直以来，昆明机场在安全检查中都以"人证对照"为主要检查方式，在检查过程中逐渐形成了"联想检查法""异常行为识别法"等方法。

"安检人证比对辅助系统"所具有的识别能力强、响应速度快等特点，对人工识别有一定的辅助作用，可以增强证件识别准确率，有效加大安全检查力度，既能快速识别乘机人的身份，又能为过检旅客提供快捷高效的智能体验。

四、证件检查的注意事项

（1）注意观察证件上的有关项目是否有涂改的痕迹。

（2）注意观察持证人的相貌特征与证件上的照片是否相符。如发现可疑情况，对持证人应仔细查问。

（3）注意检查方法，做到自然大方、态度和蔼、语言得体，以免引起旅客反感。

（4）注意观察旅客的穿戴有无异常，如对于戴墨镜、围巾、口罩遮挡面部，戴帽子等影响人证识别或面部图像采集的旅客，应要求其摘下后进行证件检查。

（5）注意集中精力，防止漏验证件或漏加注验讫标识。

（6）注意发现布控对象。

（7）检查中发现疑点时，要慎重处理，并及时报告。

（8）根据机场流量、工作标准，以及验证岗位、前传检查岗位、人身检查岗位的要求适时验放旅客。

拓 展 知 识

一、电子客票检查流程

电子客票检查流程：验证员请旅客出示两证即可，及乘机有效身份证件、ET标识登机牌。

二、有效乘机凭证的相关知识

1. 有效乘机凭证的种类

有效乘机凭证是旅客对号登机入座和地面服务人员清点登机旅客人数的依据。目前国内机场使用的有效乘机凭证有纸质和电子两种形式。

（1）纸质登机凭证

包括磁条登机凭证（ATB）、常规登机凭证（如自助柜机）和自助打印登机凭证（如网上办理乘机登记手续）。主要项目包括：旅客姓名、航班号、乘机日期、座位号、目的地、登机口、二维条码等。

根据电子客票打印登机凭证时，除了一般项目外，还应打印："ETKT"代码、电子客票凭证号、身份证件名称及号码（可选）。

（2）电子登机凭证

电子登机凭证与传统的纸质登机凭证不同，电子登机凭证需要通过网上办理、手机办理乘机登记手续等方式来获取二维条码和旅客姓名、航班号、乘机日期、登机时间、登机口、航程等电子信息。

2. 有效乘机凭证的使用规定

（1）纸质登机凭证的使用：安检员对持有"ETKT"标识纸质登机凭证的旅客进行安检验证时，需查验纸质登机凭证和有效乘机身份证件并确认无误后，在登机凭证上加注验讫标识放行。

（2）电子乘机凭证的使用：安检员对持有电子登机凭证的旅客进行安检验证时，需查验旅客有效乘机身份证件，并扫描旅客的电子登机凭证二维条码，进行核对、记录及标识后放行。

· 效果检测 ·

1. 请写出证件检查工作的步骤。

2. 请简单总结人像比对的主要内容。

任务检测表

检测内容	分值	评分	备注
熟知证件检查的目的	20		
熟知证件检查的程序和方法	30		
能够理解证件检查的三逻辑	20		
能够运用证件真伪鉴别的方法	30		

任务二
了解有效乘机证件的种类和识别方法

· 任务描述 ·

2020年10月5日18时30分许，旅客阿某使用一张伪造的二代居民身份证，欲通过安全检查乘坐航班飞往成都，被安检工作人员当场查获。民警到场后将其口头传唤至派出所接受调查。

经调查，阿某系因身份证过期，为图方便使用了伪造的身份证。根据《中华人民共和国居民身份证法》第十七条规定，给予阿某1000元整的行政罚款，并将该伪造的身份证收缴。

通过这个任务描述，我们可以了解到当居民身份证丢失时，千万不能购买、使用伪证或冒用他人证件，在影响行程的同时也触犯了法律。遇到此类情况时，可向有关部门咨询，按照规定办理乘机手续，或者持相关证件到机场公安机关办理免费临时乘机证明，部分机场也可线上办理临时有效乘机证明。

· 学习任务单 ·

任务目标	知识目标	掌握有效乘机证件的种类及相关知识。
	能力目标	1. 能够运用所学知识对不同种类有效乘机证件进行有效区分； 2. 能够进行岗位操作工作。
	素养目标	1. 培养民航专业技能及安全意识； 2. 成为民航专业岗位的合格员工。
思政融入		1. 树立安全文化观念，充分认识到安全是民航企业的核心； 2. 培养高度的责任心和敬业精神，树立以旅客安全为核心的服务理念。
学习时数		建议学习时间为2学时，可以根据实际需要进行调整。
学习建议		1. 结合生活中常见有效证件进行区别性记忆； 2. 在学习过程中认真观看、观察，不懂就问。
学习运用		1. 能够对有效乘机证件的种类进行区分； 2. 能够利用有效乘机证件相关知识，为旅客解答疑问； 3. 当有效乘机证件不符合要求时，能进行相关情况的处理。
学习反思		

居住证是否能作为乘机的有效证件？

2022年10月的某天早晨8点，张先生在某机场欲乘飞机返回家乡湖北，因丢失了身份证，于是便拿着自己的居住证来到机场，结果却在过安检时，被告知居住证不能作为乘机的有效证件，最后只好到公安机关补办临时身份证明。无独有偶，同天9点，旅客小黄也因为只拿了居住证过来坐飞机，未能通过安检。据机场安检部门介绍，乘机的有效证件包括：居民身份证、护照、军官证、士兵证、武警警官证等，未满16周岁的旅客可凭学生证、户口簿乘机，旅客已满16周岁则不能凭学生证、户口簿乘机。如旅客丢失身份证，可凭户籍所在地公安机关出具的临时身份证明，或向机场公安机关申请开具的临时身份证明乘机。

按照公安部、民航局有关规定，有效乘机证件可归纳为四大类：居民身份证件、军人类证件、护照类证件和其他可以乘机的有效证件。

一、居民身份证件

（一）二代居民身份证的式样

二代居民身份证采用专用非接触式集成电路芯片制成，规格为85.6mm×54mm×1.0mm（长×宽×厚）。

证件正面印有中华人民共和国居民身份证的证件名称，采用彩虹扭索花纹（也称底纹），颜色按从浅蓝色至浅粉红色再至浅蓝色的顺序排列，颜色衔接处相互融合，过渡自然。国徽图案在证件正面左上方突出位置，颜色为红色。国徽庄严醒目，配以"中华人民共和国居民身份证"名称，明确表达了主题。证件名称分两行排列于国徽图案右侧上方位置；以点划线构成的浅蓝灰色写意长城图案位于国徽和证件名称下方的版面中心偏下位置，以"万里长城"为背景图案的主标志物代表中华人民共和国长治久安，远山的背景增强了长城图案的纵深感，图案以点线构成。有效期限和签发机关两个项目位于证件下方。

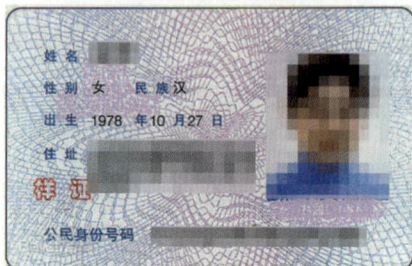

证件背面印有与正面相同的彩虹扭索花纹，颜色与正面相同，内容包括姓名、性别、民族、出生日期、常住户口所在地住址、公民身份证号码和本人照片，定向光变色的长城图案位于性别项目的位置，光变光存储的"中国CHINA"字符位于照片与公民身份号码之间的位置。（图4-2）

少数民族居民身份证采用汉字与少数民族文字结合的方式。根

图4-2 居民身份证（样证）

据少数民族文字书写特点，采用少数民族文字的证件有两种排版格式。一种是同时使用汉字和蒙文，蒙文在前，汉字在后；另一种是同时使用汉字和其他少数民族文字（如藏文、壮文、彝文、维吾尔文、朝鲜文等），少数民族文字在上，汉字在下。（图4-3）

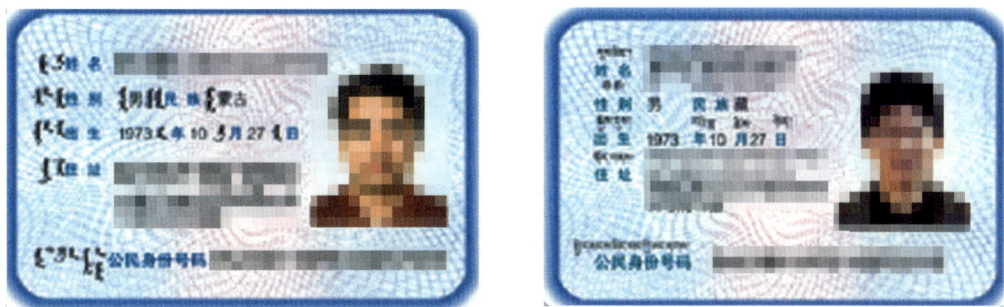

图4-3 少数民族居民身份证

（二）二代居民身份证的登记内容

二代居民身份证具备视读与机读两种功能。视读、机读的内容共有九项：姓名、性别、民族、出生日期、常住户口所在地住址、公民身份号码、本人照片、证件的有效期限和签发机关。

（三）二代居民身份证的使用规定

公民从事有关活动，需要证明身份的，有权使用居民身份证，有关单位及其工作人员不得拒绝。有下列情形之一的，公民应当出示居民身份证证明身份。

（1）常住户口登记项目变更。

（2）兵役登记。

（3）婚姻登记、收养登记。

（4）申请办理出境手续。

（5）法律、行政法规规定需要用居民身份证证明身份的其他情形。

依照《中华人民共和国居民身份证法》，未取得居民身份证的公民，从事以上规定的有关活动，可以使用符合国家规定的其他证明方式证明身份。人民警察依法执行职务，遇有下列情形之一的，经出示执法证件，可以查验居民身份证。

（1）对有违法犯罪嫌疑的人员，需要查明身份的。

（2）依法实施现场管制时，需要查明现场有关人员身份的。

（3）发生严重危害社会治安的突发事件时，需要查明现场有关人员身份的。

（4）法律规定需要查明身份的其他情形。

对上述所列情形之一，拒绝人民警察查验居民身份证的，依照有关法律规定，针对不同的情形，采取措施予以处理。任何组织或者个人，不得扣押居民身份证。但是，公安机关依照《中华人民共和国刑事诉讼法》执行监视居住强制措施的情形除外。

（四）二代居民身份证的识别方法

1. 直观防伪措施

（1）核对照片。

（2）查看彩虹印刷图案。

（3）查看定向光变色"长城"图案。

（4）查看底纹中隐含的微缩字符。

（5）查看光变光存储"中国CHINA"字样。

（6）使用紫外灯光观测，可以发现荧光印刷的"长城"图案。

2. 数字防伪措施

将证件机读信息进行加密运算处理后存储在证件专用集成电路（芯片）内。

二、军人类证件

军人身份证，由团以上政治机关负责办理。军人公民身份号码分别由原籍或军队驻地的公安机关，根据《公民身份号码》（GB 11643—1999）国家标准进行编制。编号赋码对象包括军队的现役军人和由军队管理的离退休干部、待移交政府安置的离退休干部、退休士官等。编号需由军人所在部队政工部门，发公函至其原籍或驻地县级公安机关，公函内容包括《军人公民身份号码登记表》（一式三份）。军人在以后办理涉及政治、经济、社会生活等权益事务时，可以使用公民身份号码证明公民身份，其他需要证明军人身份的，仍使用军人有关身份证件。

经中央军委批准，全军和武警部队从2016年7月1日起换发新式证件。军人类证件包括军（警）官证、军士证、义务兵证、文职人员证、文职干部证、职工证等。

（一）中国人民解放军军官证

中国人民解放军军官证（图4-4）是配发给中国人民解放军军官的本芯式身份证件。其在证明干部身份、规范干部管理等方面发挥了重要作用。

图4-4　中国人民解放军军官证

中国人民解放军军官证封皮颜色为暗红色，采用阻燃防水材料，封面中央正上方印有烫金的五角星，五角星下方为"中国人民解放军军官证"烫金字样，最下方印有"中华人民共和国中央军事委员会"字样，背面凹烫"中央军委政治工作部干部局监制"字样。

证件内芯内容有：照片、编号、发证机关、发证日期、姓名、出生年月、性别、籍贯、民族、部别、职务、衔级等。

（二）中国人民武装警察部队警官证

中国人民武装警察部队警官证（图4-5）是中国人民武装警察部队现役警官身份的证明，由武警部队政治部门发放并管理。

图4-5　中国人民武装警察部队警官证

警官证封皮采用阻燃防水材料，颜色为暗红色，证件中央正上方为烫金的警徽，警徽下面为烫金的"中国人民武装警察部队警官证"字样，最下方是烫金的"中华人民共和国国务院中央军事委员会"字样。

证件内芯内容有：照片、编号、发证机关、发证日期、姓名、出生年月、性别、籍贯、民族、部别、职务、衔级等。

（三）中国人民解放军军士证、中国人民武装警察部队警士证等

2024年9月1日，军士证和警士证纳入实名制购票有效身份证件类型（图4-6、图4-7）。

图4-6　中国人民解放军军士证、军士退休证

图4-7　中国人民武装警察部队警士证、警士退休证

这次统一制发的上述证件沿用现行本芯证件式样，证件内芯内容有：照片、编号、发证机关、发证日期、姓名、出生年月、性别、籍贯、民族、部别、职务、衔级等。主要具有以下特点。

一是保持证件号码的唯一性，军士证、警士证统一采用"士"冠字头加数字形式编码，军士退休证、警士退休证分别采用"军退""警退"冠字头加数字形式编码。

二是保持与现行其他军队人员的证件设计风格一致，简洁庄重、美观大方，封皮颜色均为正红色，采用阻燃防水材料，背面凹烫"中央军委政治工作部监制"。

三是防伪程度较高，证芯使用专用证券纸和专色油墨定制生产，运用浮雕、定位水印、安全线、解锁、缩微文字、无色荧光、加密二维码等多项防伪技术，易于识别检验。

（四）中国人民解放军义务兵证

中国人民解放军义务兵证（图4-8）是配发给现役的义务兵的本芯式证件。

图4-8　中国人民解放军义务兵证

中国人民解放军义务兵证封皮颜色为正红色，证件中央正上方为烫金五角星，在五角星下方有烫金的"中国人民解放军义务兵证"字样，最下方为烫金的"中华人民共和国中央军事委员会"字样。

证件内芯内容有：照片、编号、发证机关、发证日期、姓名、出生年月、性别、籍贯、民族、部别、职务、衔级等。

（五）中国人民武装警察部队义务兵证

中国人民武装警察部队义务兵证（图4-9）是中国人民武装警察部队现役士兵的身份证件。其封皮颜色为正红色，证件中央正上方为烫金的警徽，警徽下为烫金的"中国人民武装警察部队义务兵证"字样，最下方为烫金的"中华人民共和国国务院中央军事委员会"字样。证件内芯内容与中国人民解放军义务兵证相同。

图4-9　中国人民武装警察部队义务兵证

（六）中国人民解放军文职人员证

中国人民解放军文职人员证（图4-10）是配发给按有关法规到军队编制岗位工作的文职人员的本芯式证件。

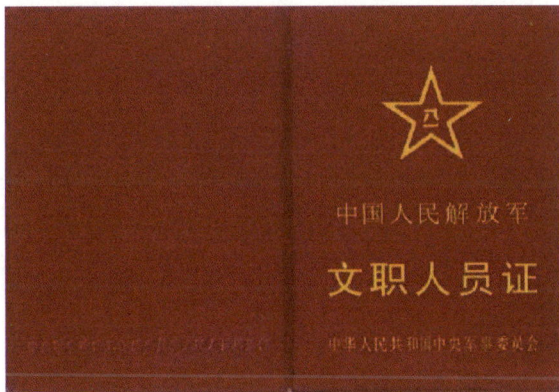

图4-10　中国人民解放军文职人员证

文职人员证封皮颜色为暗红色，证件中央正上方为烫金五角星，在五角星下方有烫金的"中国人民解放军文职人员证"字样，最下方为烫金的"中华人民共和国中央军事委员会"字样。证件内芯内容有：照片、编号、发证机关、发证日期、姓名、出生年月、性别、籍贯、民族、部别、岗位职务、岗位等级等。

（七）中国人民解放军文职干部证

中国人民解放军文职干部证（图4-11）是配发给军队文职干部的本芯式身份证件，在证明干部身份、规范干部管理等方面发挥了重要作用。

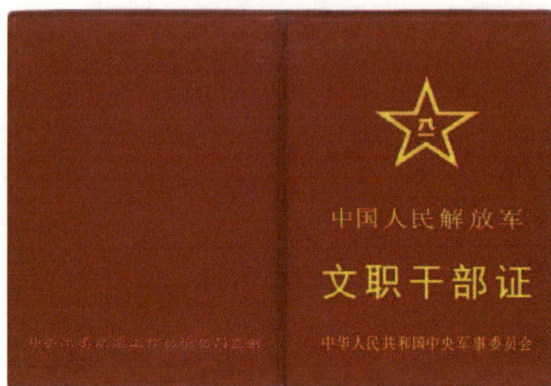

图4-11　中国人民解放军文职干部证

文职干部证封皮颜色为暗红色，证件上方正中为烫金五角星，在五角星下方有烫金的"中国人民解放军文职干部证"字样，最下方为烫金的"中华人民共和国中央军事委员会"字样。

证件内芯内容有：照片、编号、发证机关、发证日期、姓名、出生年月、性别、籍贯、民族、部队、职务、衔级等。

（八）中国人民解放军职工证

中国人民解放军职工证（图4-12），是由中国人民解放军相应师级以上机关签发，证明中国人民解放军职工身份的证件。中国人民解放军职工，简称军队职工，是指在军队机关、事业单位、军队企业中具有在编干部或在编职工身份的非军籍人员。

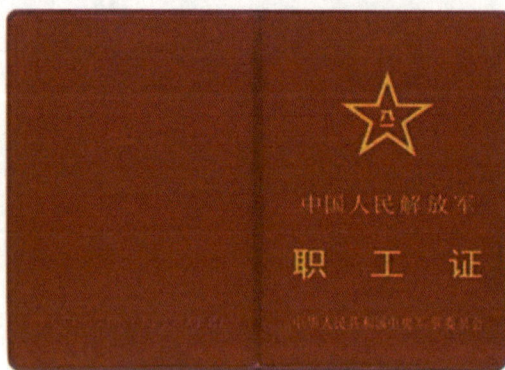

图4-12　中国人民解放军职工证

职工证封皮颜色为暗红色，证件中央正上方为烫金五角星，在五角星下方有烫金的"中国人民解放军职工证"字样，最下方为烫金的"中华人民共和国中央军事委员会"字样。

证件内芯内容有：照片、编号、发证机关、发证日期、姓名、出生年月、性别、籍贯、民族、部别、职级、备注等。

假军人持"中将"军官证换取登机牌

2018 年 6 月 8 日，云南省某机场人头攒动。一名男子在换取登机牌处将军官证递给工作人员，要求换取前往昆明的机票。工作人员接过证件仔细查看后，见男子的军官证与平时乘机军人的军官证不一致，立即致电德宏军分区，表示对该男子的军人身份有所怀疑并请求核实。

"同志，你涉嫌使用伪造的军用证件，请配合我们检查！"德宏军分区迅速派出保卫、纠察人员前往机场核查情况。男子看到威严的纠察人员时，立即慌了神，并伺机掏出手机佯装打电话，转身离开。

见男子举动异常，纠察人员赶紧叫住了他，在检查男子所持的军官证时发现该男子军官证为军队老式证件，发证机关栏为空白，只有钢印和证件章。该男子佩戴的中将军衔和正兵团级别资历章，与军衔职务规定不符。

三、出入境证件

出入境证件包括护照、港澳居民来往内地通行证、台湾居民来往大陆通行证、外国人永久居留身份证。

（一）护照

根据护照颁发对象的不同，我国护照分为外交护照、公务护照（包括公务护照和公务普通护照）、普通护照三类，其中外交护照、公务护照为"因公护照"，普通护照为"因私护照"。根据护照制作工艺的不同，我国护照又分为传统护照和电子护照。

外交护照（封皮红色）、公务护照（封皮墨绿色）、公务普通护照（封皮深褐色）、普通护照（传统普通护照封皮红棕色；电子普通护照封皮枣红色）。

外国护照分为：外交护照、公务护照、普通护照等。

（二）港澳居民来往内地通行证

香港、澳门地区居民乘机的有效证件是港澳居民来往内地通行证（图4-13）。港澳居民来往内地通行证，俗称回乡证，由中华人民共和国公安部出入境管理局签发，是具有中华人民共和国国籍的香港特别行政区及澳门特别行政区居民来往中国内地所用的证件。

港澳居民来往内地通行证为卡式证件，证件内容主要包括：姓名、出生日期、性别、有效期限、签发机关、证件号码、换证次数、香港身份证件姓名、香港身份证件号码等，通行证均应印有持照人的照片。此外，通行证号码共九位，一人一号，终身不变。第一位为英文字母，首次申请地在香港的为"H"，首次申请地在澳门的为"M"，第二位至第九位为阿拉伯数字。

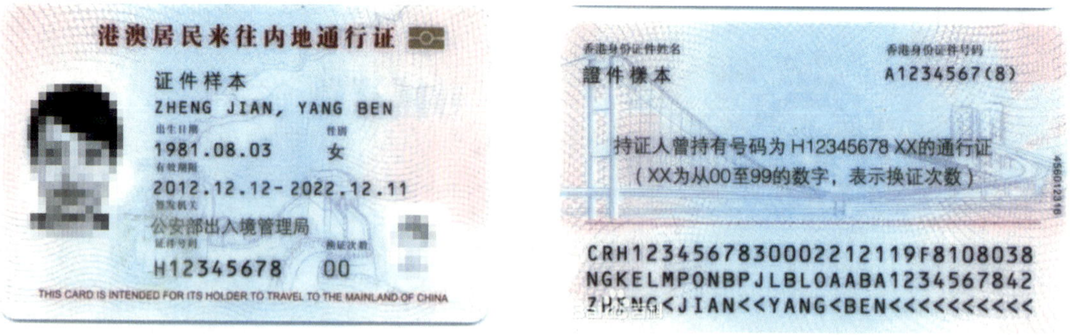

图4-13　港澳居民来往内地通行证

港澳居民来往内地通行证的有效期分为5年和10年。申请人年满18周岁的，签发10年有效通行证，未满18周岁的，签发5年有效通行证。

（三）台湾居民来往大陆通行证

台湾居民来往大陆通行证（图4-14）简称台胞证，由中华人民共和国公安部出入境管理局签发，是台湾地区居民来往大陆所持有的证件。

台湾居民来往大陆通行证为卡式证件，证件内容主要包括：姓名、出生日期、性别、有效期限、签发机关、签发地点、证件号码、签发次数、台湾身份证姓名、台湾身份证号码等，通行证均应印有持证人的照片。

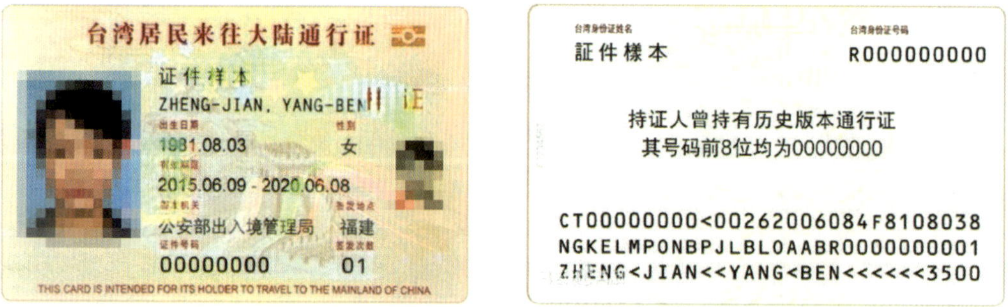

图4-14　台湾居民来往大陆通行证

台湾居民来往大陆通行证可分为一次有效和5年有效。一次有效即签发三个月内一次有效，5年有效是指在有效期限内多次有效。

（四）外国人永久居留身份证

中华人民共和国外国人永久居留身份证（图4-15），由中华人民共和国公安部签发，是外国人在我国境内证明自己身份的合法证件，是永久居留外国人享受在华资格待遇的有效凭证。

中华人民共和国外国人永久居留身份证参照第二代居民身份证标准设计制作，内嵌非接触式集成电路芯片。证件登记项目包括持证人姓名、性别、出生日期、国籍、有效期限、签发机关和证件号码等。持证人个人资料和证件签发管理信息同时存入芯片，可以使用第二代居民身份证阅读机进行读取。

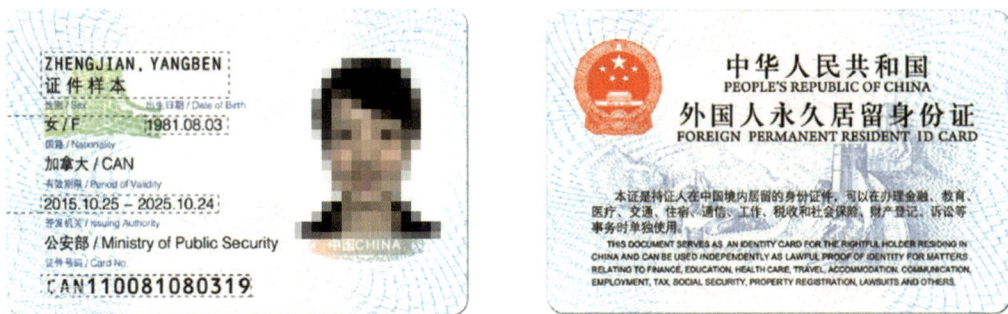

图4-15 中华人民共和国外国人永久居留身份证

中华人民共和国外国人永久居留身份证的有效期为5年或者10年。被批准在中国永久居留的未满18周岁的外国人，发给有效期为5年的外国人永久居留身份证；被批准在中国永久居留的18周岁以上的外国人，发给有效期为10年的外国人永久居留身份证。

（五）港澳台居民居住证

根据《港澳台居民居住证申领发放办法》（国办发〔2018〕81号），自2018年9月1日起，港澳台居民前往内地（大陆）居住半年以上，符合有合法稳定就业、合法稳定住所、连续就读条件之一的，根据本人意愿，可以申请领取居住证。未满16周岁的港澳台居民，可以由监护人代为申请领取居住证。港澳台居民居住证由省级人民政府公安机关采用居民身份证技术标准统一制作，由县级人民政府公安机关签发，内含非接触式集成电路芯片，存储有持证人指纹信息，具备视读与机读两种功能。

1. 港澳台居民居住证的种类

港澳台居民居住证包括中华人民共和国港澳居民居住证、中华人民共和国台湾居民居住证。

2. 港澳台居民居住证的式样

港澳台居民居住证的外观式样与中国内地（大陆）地区第二代居民身份证相同。可使用第二代居民身份证读卡器读取。（图4-16）

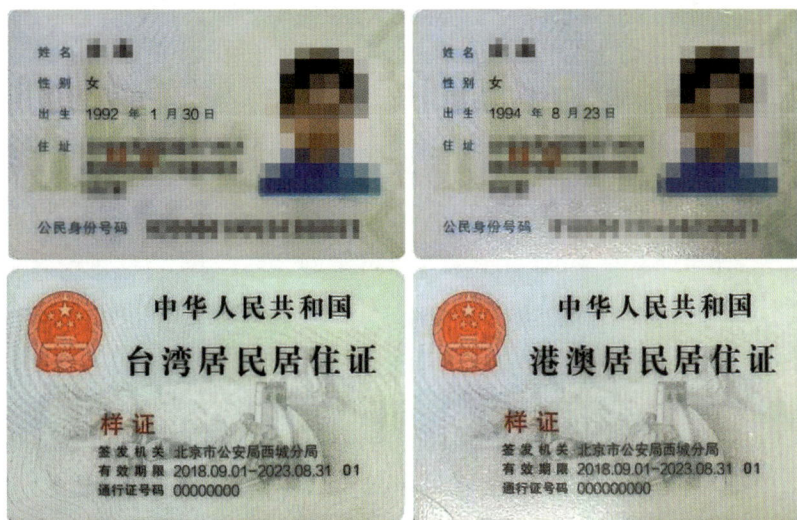

图4-16 港澳台居民居住证

3. 港澳台居民居住证的登记项目

证件正面登记有签发机关、有效期限、签发次数、通行证号码（港澳台居民出入境证件号码）4 个登记项目及相关信息。

证件背面登记有持证人姓名、性别、出生日期、住址、公民身份号码、本人照片 6 个登记项目及相关信息。

4. 港澳台居民居住证的公民身份号码

港澳台居民居住证的公民身份号码由公安机关按照公民身份号码国家标准编制。香港居民公民身份号码地址码使用 810000，澳门居民公民身份号码地址码使用 820000，台湾居民公民身份号码地址码使用 830000。

5. 港澳台居民居住证的有效期限

港澳台居民居住证的有效期限为 5 年，从证件签发之日起开始计算。

> **知识补充**
>
> **中国的护照相关知识**
>
> 外交护照主要发给副部长、副省长等以上的中国政府官员，党、政、军等重要代表团正、副团长以及外交官员、领事官员及其随行配偶、未成年子女、外交信使等。
>
> 公务护照主要发给中国各级政府部门的工作人员、中国驻外国的外交代表机关、领事机关和驻联合国组织系统及其有关专门机构的工作人员及其随行配偶、未成年子女等。
>
> 公务普通护照主要发给中国国营企业、事业单位出国从事经济、贸易、文化、体育、卫生、科学技术交流等公务活动的人员，公派留学、进修人员、访问学者及公派出国从事劳务的人员等。
>
> 普通护照发给定居、探亲、访友、继承遗产、自费留学、就业、旅游和其他因私人事务出国和定居国外的中国公民。
>
> 特区护照即中华人民共和国香港特别行政区护照和中华人民共和国澳门特别行政区护照。

（六）其他有效乘机身份证件

（1）本届全国人大代表证、全国政协委员证。

（2）出席全国或省、自治区、直辖市的党代会、人代会、政协会，工、青、妇代表会和劳模会的代表，凭所属县、团级（含）以上党政军主管部门出具的临时身份证明。

（3）旅客的居民身份证在户籍所在地以外被盗或丢失的，挂失后在户籍所在地公安机关出具的临时身份证明。

（4）年龄已高的老人（按法定退休年龄掌握），凭接待单位、本人原工作单位或子女、配偶工作单位〔必须是县、团级（含）以上单位〕出具的临时身份证明。

（5）16周岁以下的中国内地（大陆）居民的出生医学证明、户口簿、学生证或户口所在地公安机关出具的身份证明。

· 效果检测 ·

1. 请列举至少5个军人类有效乘机证件。

2. 请写出港澳台有效乘机证件的名称。

3. 请写出中国护照的分类。

任务检测表

检测内容	分值	评分	备注
熟知居民身份证的相关知识	10		
能够掌握二代身份证的防伪措施	20		
能够了解护照相关知识	20		
熟知军人类证件的相关知识	20		
能够掌握有效乘机证件的分类	30		

任务三
能够对机场控制区通行证进行检查

· 任务描述 ·

某机场安检员查获一旅客伪造机场控制区通行证

2017年8月，在某机场T1航站楼的专用通道，一名男子持机场控制区通行证想要开车进入T3航站楼一楼接生意往来人员，岗亭护卫员人员检查证件时发现异常，怀疑证件是假的，要求他停车并下车接受检查。

在接受检查的过程中，男子慌了手脚，一直跟护卫人员说："你看能不能行个方便，就让我过去吧。"但是被护卫人员一口否决了。然后护卫人员把证件送交内部工作人员鉴定，确定他的证件是假的，工作人员现场报了警，最后机场公安分局航站楼派出所紧急出警，把该男子带回审讯，该男子最终被拘留十天。

　　通过这个案例，我们可以了解在实际工作环境中关于证件检查的重要性，也可以了解到在工作中会面临什么样的状况，从而提高责任心和警惕性。

· 学习任务单 ·

任务目标	知识目标	1. 了解民航机场控制区通行证的样式、内容及使用规定； 2. 掌握民航机场控制区通行证件的种类； 3. 掌握民航统一制作的人员通行证的样式。
任务目标	能力目标	1. 能够识别有效的机场控制区通行证； 2. 能够对进入机场控制区的车辆进行检查。
	素养目标	1. 培养严谨、认真的态度； 2. 能够提供以旅客为中心的优质服务。
思政融入		1. 秉持依法办事的原则，严格按照法律法规进行检查； 2. 诚实守信，对被检查人一视同仁。
学习时数		建议学习时间为2学时，可以根据实际需要进行调整。
学习建议		1. 整理理论知识点，画出思维导图； 2. 分析案例，总结经验。
学习运用		在学习完成后，能正确对民航机场控制区通行证进行分类，并针对每一类证件进行举例说明。
学习反思		

· 情境问题 ·

　　一名工作人员想要使用过期证件进入隔离墙，是否违规？

　　参考答案：

　　违规。对工作人员证件的检查包括：

　　（1）检查证件外观式样、规格、塑封、印刷，照片是否完好、正常，证件是否有效；检查持证人与证件上的照片是否一致；检查持证人证件的适用区域。

（2）检查完毕，将证件交还持证人。经查验后符合的放行，不符合的拒绝其进入。

机场控制区通行证：机场控制区通行证一般分为人员通行证和车辆通行证。人员通行证包括民航统一制作的人员通行证、民航各机场制作的人员通行证以及其他人员通行证件。

· 知识准备 ·

一、民航统一制作的证件

（一）空勤登机证

中国民航空勤登机证（简称空勤登机证）是中国境内航空公司执行飞行任务的空勤人员、执行跟机任务的其他人员进入全国各民用机场（含军民合用机场民用部分）及境外机场控制区的通行证件。空勤登机证由民航局公安局统一管理，由民航各地区管理局公安局负责辖区内的监督和管理。

空勤登机证版式全国统一，颜色分为蓝色和黄色两种。公共航空运输公司持证人员持蓝色版式证件，其他持证人员持黄色版式证件。

持证人员只有在执行飞行或跟机任务时方可使用空勤登机证进入机场控制区、航空器，不得进入与通行路径无关的控制区域。持证人员进入机场控制区时应当着空勤制式服装（因工作需要着其他服装的除外），将空勤登机证佩戴于胸前显著位置，并在指定通道接受安全检查。持证人员不得将证件转借他人，不得使用已注销、过期、暂停使用的证件或冒用他人证件。（图4-17、图4-18）

图4-17 中国民航空勤登机证

图4-18 中国民用航空安全员执照

知识补充

航空安全员，又称飞行安全员，其职责是保卫机上人员与飞机的安全，处置机上非法干扰及扰乱活动事件。

1973年，国务院、中央军委决定在国际航班上派遣安全员，组建航空安全员队伍，执行安全保卫任务；1982年，国务院批准在国际和国内主要干线航班增配安全员；1983年，中央根据当时国内治安形势的发展变化和保证空防安全的需要，决定将机上安全员工作改由武警承担；1987年，国务院再次批准民航组建航空安全员队伍。

　　航空安全员分为专职与兼职安全员，专职安全员多为公安武警和退伍士兵以及特招人员，兼职安全员多是从现有的空乘人员中挑选出来的，部分兼职安全员还要承担客舱服务工作。航空安全员在飞机上的具体座位安排，是由航空公司和机长根据航班安全等级不同按需确定的，并不一定固定在某一个位置。

　　空警与安全员在飞机上的职责基本上是一样的，区别在于身份及隶属关系不同：空警是警察，是公务员，航空安全员是航空公司职工。

　　空警和安全员都必须在机长的领导下开展工作。

（二）特别通行证

特别通行证由民航各地区管理局公安局统一制发和管理。持证人凭特别通行证可以进入所辖地区的民用机场（含军民合用机场民用部分）控制区的任何区域或登机检查工作（不能代替机票乘机）。对持特别通行证进入机场控制区人员的证件检查，应当查验证件真伪及有效期，并进行人证对照，确定通行证单位显示为所辖地区管理局制发。

二、民航各机场制作的证件

机场制作的人员证件是根据管理的需要，由机场制发的有不同用途和使用范围的证件。从时限上可分为长期、临时和一次性证件；从使用范围上可分为通用、客机坪、候机楼隔离区、国际联检区等区域性证件；从使用人员上可划分为民航工作人员、联检单位工作人员和外部人员使用证件等。这些证件不论怎样划分，在外观颜色上、规格上可能各有区别，但其内容要素不会有太大区别。

（一）民航工作人员通行证

民航工作人员通行证是民航内部工作人员因工作需要进出某些控制区域的通行凭证，由所在机场统一制发和管理，证件外观式样、颜色不尽相同，但必须具备以下项目：机场名称、持证人照片、单位、职务、姓名、有效期限、签发机关（盖章）、允许通行（到达）的区域等。证件背面应有相关说明。

允许通行（到达）的区域一般分为候机隔离区（有的分国际和国内两部分）、客机坪、联检厅、抵离区、客舱、货舱、货运区、航空器维修区、贵宾区等。

（二）专机工作证

专机工作证是由民用机场公安机关制发，根据每次任务不同发放给相关保障单位的证件。专机工作证每次选取两种不同颜色，以便保障人员使用。专机保障任务完成后，该批次证件作废。

专机任务保障期间，仅允许持有专机工作证的相关人员出入专机保障道口，相关人员应将证件佩戴于明显位置，以便安检员检查。靠近飞机位置的核心保障区，仅允许持有核心保障区证件的人员出入。

知识补充

包机

包机是指根据公共航空运输企业与包机人所签订的包机合同而进行的点与点之间的不定期飞行。包机根据类型分为民航包机和公务包机两大类。民航包机主要指租用民航公司的民航客机执行非周期性的非固定航线的飞行任务，公务包机主要指租用公务机公司的公务机执行非固定航线的飞行任务。

（三）车辆通行证

因工作需要进入机场控制区的车辆，应当办理机场控制区车辆通行证。车辆通行证的使用期限一般不超过3年（图4-19）。

各机场控制区车辆通行证式样不尽相同，但应包含以下信息：

（1）车辆类型及号牌；

（2）有效起止日期；

（3）可进入的控制区域；

（4）准许通行的道口；

（5）车辆使用单位；

（6）证件编号；

（7）发证机构；

（8）其他技术要求。

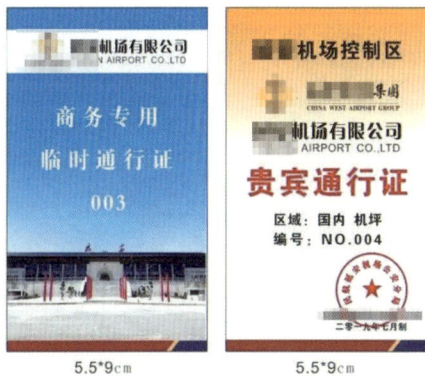

图4-19 不同类型的车辆通行证

·效果检测·

1. 机场控制区通行证有几种？分别是什么？

2. 哪些证件属于民航各机场制作的人员通行证？

任务检测表

检测内容	分值	评分	备注
民航统一制作的人员证件	20		
民航各机场制作的人员通行证	30		
空勤登机证的内容（口述题）	30		
民航各机场自制证件的类型	20		

任务四
能够对特殊情况进行处置

· 任务描述 ·

旅客使用伪造证件乘机被查获

旅客代某从某机场 T4 航站楼准备乘机。登机前进行证件检查时，安检验证员小燕微笑着说："您好！请出示身份证件与登机牌。"代某将登机牌与身份证一同递给了小燕。在接过代某的身份证时，小燕发现该证件与普通二代居民身份证件不一样，代某的这个证件很薄而且质感和做工都显得很粗糙，证件上的照片也略显模糊，通过二代居民身份证检测仪时也没有任何反应，小燕立刻通知开机员将身份证用 X 射线安全检查仪进行检查，根据图像显示，该身份证里面根本没有芯片，小燕怀疑旅客携带的身份证是假证，随即通知了值班领导。

经询问，原来代某是由于身份证丢失才用了假证。了解清楚情况之后，安检员将代某及其携带的假身份证件一同移交机场公安机关进行处理。

通过这个案例，我们可以了解在实际的工作环境中关于证件检查的重要性，也可以了解在工作中会面临什么样的状况，以提高责任心和警惕性。

· 学习任务单 ·

任务目标	知识目标	1. 了解证件的基本信息； 2. 明白接控的程序和方法； 3. 掌握证件的识别方法。
	能力目标	1. 掌握旅客证件存在问题时的处置方法； 2. 掌握发现查控对象时的处理方法。
	素养目标	1. 培养民航专业技能及安全意识； 2. 培养民航服务意识及对民航业的热爱之情。
思政融入	培养爱国之情、责任感、民航工匠精神，强化国家安全意识。	
学习时数	建议学习时间为2学时，可以根据实际需要进行调整。	
学习建议	1. 整理理论知识点，画出思维导图； 2. 分析案例，总结经验。	
学习运用	在学习完成后，能完全掌握如何处置证件检查的各种情况，并举例说明。	
学习反思		

· 情境问题 ·

拿妹妹证件坐飞机，只为报销机票？

身份证赋予每个公民身份，一张身份证代表了一个人，若冒用了他人的身份证则会触犯到《中华人民共和国居民身份证法》。

2020年10月18日，在某机场国内B区2号通道就发生了一件冒用他人身份证的事情。天色刚刚暗下来，周女士便拿着她妹妹的身份证匆匆地来到了安检入口，当她出示身份证让验证员进行人证对照的时候，安检员小罗立刻发现了异常，觉得身份证上女子的相貌并非周女士，于是向班长请示。随后，班长和中队长经过一番询问之后才得知周女士冒用的是她妹妹的证件，原因是她妹妹的公司能够报销机票，所以她才想着通过妹妹的身份证去买票来节省开支。最后，该名旅客被移交到机场公安机关进行相关检查。

该机场随后提醒广大旅客：除了身份证，港澳通行证、护照、旅行证等有效证件也可作为有效乘机证件。请广大旅客切莫冒用他人证件，企图蒙混过关，也不要贪一时的便宜，冒用他人的身份证去乘机，给自己带来不可挽回的严重后果。

一、涂改证件的识别

在检查中要注意查看证件上的姓名、性别、年龄、签发日期等项目是否有涂改的痕迹。涂改过的证件笔画粗糙、字迹模糊，涂改处及周围的纸张因为经过处理可能变薄或留下污损的痕迹。只要仔细观察，涂改的证件通常可以用肉眼分辨出来。

二、伪造、变造证件的识别

检查中要注意甄别证件的真伪，认真检查证件的外观式样、规格、塑封、印刷和照片等主要特征是否与规定相符，有无变造、伪造。

（1）真证规格统一，图案、暗记齐全清晰；假证规格不一，手感较差，图案模糊不清，暗记不清不全。

（2）真证内芯纸质优良、字迹规范，文字与纸张一体；假证内芯纸张质地粗糙、笔画粗糙、字迹模糊、排列不齐，文字凸显纸上。

（3）真证印章边缘线宽窄一致、图案清晰，印章中字体大小一致、均匀规范，印油颜色深入纸张；假证印章边缘线宽窄不一、图案模糊，印章中字体大小不一、粗细不一，印油颜色不均匀、发散。

（4）揭换过照片的证件，重贴的照片边缘有明显粘贴痕迹，薄厚不均，因为揭撕原照片时，很容易把照片底部表层纸撕去一部分，造成照片薄厚不均，用透光检查很容易看到。

（5）在紫光灯下，真证的印章显示红色荧光，而假证件可能无荧光出现。

（6）将真证（身份证）通过放大镜和特别灯光照射，可以发现真证的网纹、照片、登记内容有明显的立体层次；而伪造证件的照片、网纹、登记内容却在同一平面上，显得比较呆板。

三、冒名顶替证件的识别

检查中要注意查处冒名顶替的情况。要先看人后看证，注意观察持证人的外貌特征是否与证件上的照片相符，主要观察其五官的轮廓、分布，如耳朵的轮廓、大小，两只眼睛的距离和大小形状，嘴唇的厚薄和形状，以及面型轮廓，主要是颧骨及下颌骨的轮廓等。如发现可疑情况，应对持证人仔细查问，弄清情况。

典型案例

冒用他人证件购票，乘机被行政拘留

2021年5月29日6时，一名男性旅客从某机场T3航站楼过检。当他来到验证台时，验证员便注意到该旅客神色慌张、举止异常，这引起验证员的高度警惕。

　　验证员接过证件进行人证对照时，发现该旅客五官特征与身份证照片相似度不高，随即对其身份信息进行了解询问。该旅客不能有效回答验证员提出的相关问题，且未能出示其他有效身份证明。

　　验证员立即将此情况上报值班科长，值班科长到场了解相关情况后，按照相关法律法规将该旅客移交机场公安机关做进一步审查处理。

　　经公安机关进一步核查，该旅客为国家限制高消费人员，不可乘坐民航客运飞机，故使用其亲属的证件购票乘机。由于该名旅客违反了《中华人民共和国居民身份证法》，因此对其处以行政拘留7天的处罚。

　　该机场安检提示广大旅客，乘坐飞机时请携带合法有效乘机身份证件，切忌使用伪造、变造、涂改证件以及冒用他人身份证件乘机，如身份证件不慎遗失，可前往机场公安机关开具临时乘机证明。请广大旅客自觉遵守民航局规定，切不可心存侥幸，以免触犯法律法规影响出行。

四、旅客证件存在问题时的处置方法

　　（1）发现旅客的证件存在问题时，安检员首先要将旅客的证件或登机牌掌握在自己手中，并密切关注旅客。

　　（2）在密切关注旅客的同时，应及时联系现场值班领导。

　　（3）等现场值班领导到达后，向值班领导报告证件检查情况，并将相关手续及旅客转交给值班领导进行处理。

　　（4）旅客持涂改、伪造、变造、冒名顶替证件乘机时，一旦发现，应立即报告值班领导并做好登记，然后移交机场公安机关审查处理。

五、在控人员的查控

（一）查控的含义

　　查控是通过公开的检查形式，发现、控制民用机场公安机关进行布控的人员的一种手段，它具有较强的政策性。

（二）发现布控对象时的处理方法

　　检查中发现民用机场公安机关布控的犯罪嫌疑人时，民航安检机构应当报告公安机关。

　　发现民用机场公安机关布控的犯罪嫌疑人时，应保持镇静，稳住犯罪嫌疑人，通过隐蔽有效的信息传递方式，通知后续安检岗位对其严格检查，同时报告现场值班领导，报告民用机场公安机关，与公共航空运输企业确认是否有同行人员及其安检情况。在确保安全的情况下协助民用机场公安机关控制犯罪嫌疑人。

（三）接控的程序和方法

（1）公安、安全部门要求查控时应通过机场公安机关，安检站不直接接控。

（2）接控时，应查验《查控对象通知单》等有效文书，查控通知应具备以下内容和要素：查控对象的姓名、性别、所持证件编号、查控的期限和要求、联系单位、联系人及电话号码。

（3）接控后要及时安排布控措施。

（4）如遇特殊、紧急、重大的布控而来不及到机场公安机关办理手续时，安检站在有效查验手续齐全的情况下可先布控，但应要求布控单位补办机场公安机关的手续。

（5）验证员应熟记在控人员名单和主要特征。

（6）对各类查控对象的查控时间应有明确规定，安检站要定期对布控通知进行整理，对已超过时限的或已撤控的通知进行清理。

·效果检测·

1. 作为一名安检员，在工作中，如果发现有一名旅客使用的乘机证件是伪造证件，你该如何处理？

2. 作为一名安检员，在工作中，如果发现查控对象，你应该如何处理？

任务检测表

检测内容	分值	评分	备注
简述识别伪造、变造证件的方法	30		
简述发现查控对象时的处理方法	40		
简述旅客证件存在问题的处理方法	30		

项目五　人身检查

▪项目导入▪

　　人身检查是安全检查的又一重要内容，它是安检工作中难度最大，任务最重的内容之一，在进行人身检查时，不仅要求安检员速度快，准确率高，还要求安检员动作规范，注意力集中，警惕性高。本项目将重点介绍人身检查设备、人身检查的操作流程及方法等，以提高人身检查的实际操作能力。

·项目导图·

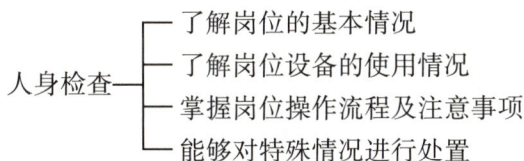

人身检查━━┳━━了解岗位的基本情况
　　　　　┣━━了解岗位设备的使用情况
　　　　　┣━━掌握岗位操作流程及注意事项
　　　　　┗━━能够对特殊情况进行处置

云学习

·学习初体验·

　　活动步骤如下：

　　1. 上课前找两名身高体型接近的同学扮演旅客。

　　2. 分别在两名同学的腰部和脚部放置打火机。

　　3. 准备一把性能完好的手持金属探测器。

　　4. 随机抽取两名同学参与课堂互动，并完成两个任务：①从外观上察觉旅客的异常；②用手持金属探测器找到旅客身上的违禁品。

　　5. 在同学进行演示的过程中，要求台下学生仔细观察、讨论。

　　6. 演示结束后，让大家进行总结。

　　通过这个活动，我们对人身检查的整个流程有了一定的了解，知道人身检查的整个流程及重点检查部位。同时，通过模拟人身检查他们也可以在实践中发现和解决问题，提高自己的安全意识和责任心。

任务一
了解岗位的基本情况

·任务描述·

2021年10月7日16时40分，安检员小邓在T2航站楼安检通道进行安全检查时，发现手持金属探测器对一名旅客脚部异常报警，经询问该旅客称脚部动过手术，但小邓注意到该旅客脚部报警位置十分靠下，属不正常情况，无法排除安全隐患，决定对该名旅客进行非公开检查。

小邓根据相关规定向值班领导申请后，值班领导分派两名安检员带该旅客前往非公开检查室进行检查，

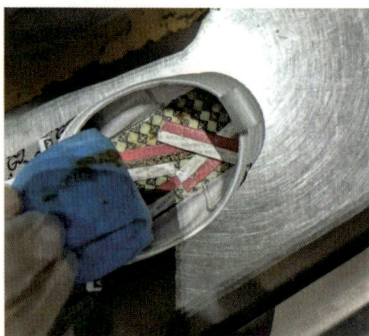

图5-1 藏匿刀片数枚的鞋底

于非公开检查中发现旅客在鞋底藏匿刀片数枚（图5-1），安检员在对该旅客人身进行从严检查无疑后，将该旅客及物品移交机场公安机关。

通过以上任务描述，我们可以了解到在人身检查过程中需要注意的部位，安检员对旅客进行检查时要做到不放过任何一个疑点。每一位安检员必须牢牢树立风险忧患意识，坚决克服松懈、麻痹等心理，保持高度警惕的精神状态。对每一道工序、每一个环节，安检员都要做到一丝不苟，全神贯注，在各个关口层层设防，层层把关，做到万无一失，把隐患消灭在地面上。

·学习任务单·

任务目标	知识目标	1. 了解人身检查的定义及相关要求； 2. 了解人身检查的职责； 3. 掌握人身检查的工作流程。
	能力目标	1. 能够叙述人身检查的相关要求； 2. 能够熟记人身检查的职责； 3. 能够了解人身检查的工作流程。
	素养目标	1. 树立民航空防安全意识； 2. 培养对民航事业的热爱之情； 3. 树立民航自信，坚定目标，为建设民航强国而努力奋斗； 4. 发挥热爱祖国、热爱民航的精神，努力成为引领民航发展的有力后备力量。
思政融入		践行当代民航精神，强化国家安全意识。
学习时数		建议学习时间为2学时，可以根据实际需要进行调整。

续表

学习建议	1. 课前通过移动互联网搜索安检相关案例，增加知识储备； 2. 积极参与课堂讨论和案例分析，提高对知识的理解和运用能力。
学习运用	1. 在实际工作中，能够运用所学知识适应岗位要求； 2. 能够参与五级安检员职业技能资格鉴定，提升专业水平和职业素养。
学习反思	

· 情境问题 ·

哪些旅客可以接受手工人身检查？

· 知识准备 ·

一、人身检查的定义

人身检查是指采用公开的仪器和手工相结合的方式，对旅客人身进行安全检查。其目的是确认旅客身上是否藏匿危险、违禁物品，保障民用航空器及其所载人员的生命财产安全（图5-2）。

图5-2　人身检查

二、人身检查的重点对象和重点部位

（一）人身检查的重点对象

（1）精神恐慌、言行可疑、佯装镇静者。

（2）冒充熟人、假献殷勤、接受检查过于热情者。

（3）表现不耐烦、催促检查或者言行蛮横、不愿接受检查者。

（4）窥视检查现场、探听安全检查情况等行为异常者。

（5）本次航班已开始登机，匆忙赶到安检现场者。

（6）公安部门、安全检查站掌握的嫌疑人和群众提供的有可疑言行的旅客。

（7）上级或有关部门通报的来自恐怖活动频繁的国家和地区的人员。

（8）着装与其身份不相符或不合时令者。

（9）根据空防安全形势需要有必要采取特别安全措施航线的旅客。

（10）有国家保卫对象乘坐的航班的其他旅客。

（11）检查中发现的其他可疑者。

（二）人身检查的重点部位

（1）头部：头部容易被人忽视，却是可以藏匿物品的部位。例如，可在头发或帽子中藏匿小刀、打火机等小体积的违禁物品。女性旅客也可以利用头发较长、较厚或戴发簪等特点藏匿违禁物品。

（2）肩胛：肩胛部位可用于捆绑或粘贴较大体积的违禁物品，如匕首等。对穿外套的旅客在检查中要格外仔细，必要时请其脱下外套过机检查。

（3）胸部：胸部容易藏匿危险品，如手枪、匕首、炸药等。

（4）手部（手腕）：手部容易佩戴或粘贴体积较小的违禁品，如手环式打火机、手表式点烟器。旅客在安检时戴手套或手上拿小件物品情况较多，对手部要重点检查。

（5）臀部：臀部下部容易被用来藏匿危险品。

（6）腋下：腋下最容易藏匿危险品，应特别注意仔细检查。

（7）裆部：裆部具有私密性，因而藏匿危险品、毒品情况较多，检查中不容忽视。

（8）腰部：腰部是常被利用的部位，必须严格检查，如腰带刀等。

（9）腹部：腹部空间较大，从外表上不易看出，须通过摸、按、压等方法进行检查。

（10）脚部：脚部是藏匿枪支、弹药、刀具、打火机等的理想位置，取用方便，因此检查时应特别注意。

知识补充

检查注意事项

一、口腔（口罩）

检查旅客摘下的口罩有无藏匿违禁品（图5-3）。

检查中需用文明用语"您好，请侧面摘下口罩"。

图5-3　检查口罩

二、手部（手腕）

①仔细检查旅客手上是否藏匿违禁品（图5-4）。

常见的情形：手持登机牌、护照、纸巾等物品，戴手套，握拳（手型不自然）。

②对旅客衣袖与手腕的连接处，应仔细检查。如旅客戴了手表，手表的表盘与表带也要严格检查。

图5-4　检查手

典型案例

脚部藏匿打火机

2021年1月28日，某机场一名旅客出行时因抱有侥幸心理，试图将打火机等禁限运物品隐匿携带上飞机，该机场安检员在严查严控下，顺利查处一起旅客藏匿多枚打火机事件（图5-5）。

据悉，当日6时35分，旅客韦某从该机场安检通道过检。在人身检查过程中，安检员发现韦某神情紧张且脚部移动极其不自然，安检员立即警觉起来，同时在检查韦某脚部时发现其袜子和鞋子有些许隆起，安检员立即根据"四必须"（即发现旅客携带香烟、火种，必须询问火种；必须严查腰部；必须脱鞋检查；必须开箱包检查）执行要求，让韦某脱鞋进行检查，并在其袜子和鞋子内查获三枚打火机，值班主管依法将韦某移交机场公安机关。

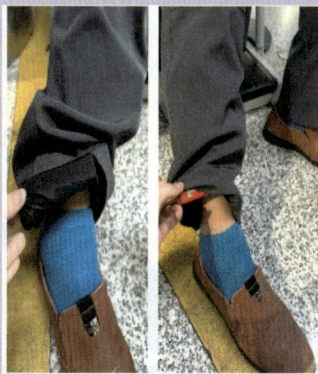

图5-5 查处多枚打火机

查处胸部藏刀

2021年6月6日上午10时，安检员小李检查到一名女性旅客时，手持金属探测器在其左侧胸部发出连续报警声。女子立即神情紧张，声称只是转运珠。小李以坚持不放过任何疑点的原则进行复查，随后发现有类似块状的硬物。

随即小李将该旅客带入非公开室进行复检，该女子见状承认胸部内侧藏了刀片。小李立即将情况报告值班队长，同时通知机场公安机关到场处理。

安检站成功查处一起口罩内藏匿打火机事件

2021年4月18日，安检员小邹准备对旅客周某进行人身检查。周某神色紧张，面部有些异常，这引起了小邹的注意。小邹仔细观察，发现周某的口罩与别人有些不一样，口罩下坠，下巴部分有些凸起，小邹当即警惕起来。他请旅客正面摘下口罩，随后查处打火机一个（图5-6）。

图5-6 查处一个打火机

三、从严检查的相关要求

（1）对需要实施从严检查的旅客，应当报民航安检机构值班领导批准。

（2）从严检查应当至少由与旅客同性别的两名安检员在特别检查室实施。一名安检员负责监视受检旅客，防止其做出危险行为或毁灭物证，另一名实施检查。检查时可根据实际情况采取脱衣、行李物品逐件检查等措施。必要时，应报告民用机场公安机关人员到场协助。

（3）对不配合检查的，可根据情况予以拒绝进入机场控制区或者报告民用机场公安机关进行处理。

（4）从严检查应当做出书面记录，记录内容包括受检旅客的姓名、证件号码、航班号、座位号、检查结论及处置结果等信息，记录应当由批准实施检查的民航安检机构现场值班领导及检查人员共同签字。

· 情境问题 ·

旅客携带贵重物品要求在非公开场所进行安全检查，应该怎么处理？

参考答案：

①旅客要求实施非公开检查的，报民航安检机构现场值班领导批准。

②非公开检查一般由至少两名与旅客同性别的安检员实施，检查标准与正常检查标准一致。

③非公开检查应当做出书面记录，记录内容包括受检旅客的姓名、证件号码、航班号、座位号、检查结论及处置结果等信息，记录应当由批准实施检查的民航安检机构现场值班领导及检查人员共同签字。

典型案例

旅客靴内藏匿水果刀

鞋子是一些不法分子习惯藏匿物品的地方，规定中要求脱鞋检查的必须严格按标准执行。

事情经过：

某机场安检员小王在通道执行人身检查任务时，一名女性旅客过安全门时报警声响起，人身检查员小王对该名旅客进行人身检查，当检查到其右腿时，手持金属探测器发出连续报警声，随后小王从旅客右靴子里查获水果刀1把。检查员小王随即将其控制住，并对其人身及行李物品进行了严格检查，未发现其他异常情况（图5-7）。

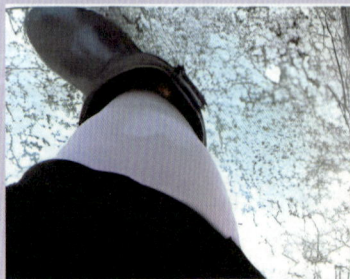

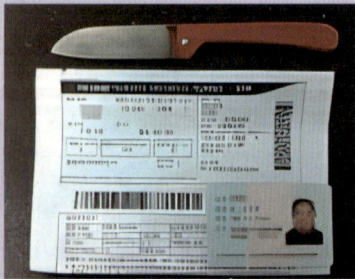

图5-7 查处物品

分队长报告中队领导后，中队领导将该旅客及物品移交机场航站楼派出所做进一步处理。

思考：在查到这名旅客的小腿部位时，探测器报警，如果这名旅客的靴子有金属铆钉，应该如何处理？

案例点评：冬季穿靴子的旅客比较多，可请旅客脱下靴子过机检查，这样就可以杜绝安全隐患。

四、人身检查岗位职责

（1）用手持金属探测器或手工人身检查的方法对旅客进行复查，排除疑点后方可放行。

（2）准确识别并根据有关规定正确处理。

五、人身检查员工作流程

人身检查员工作流程如图5-8所示。

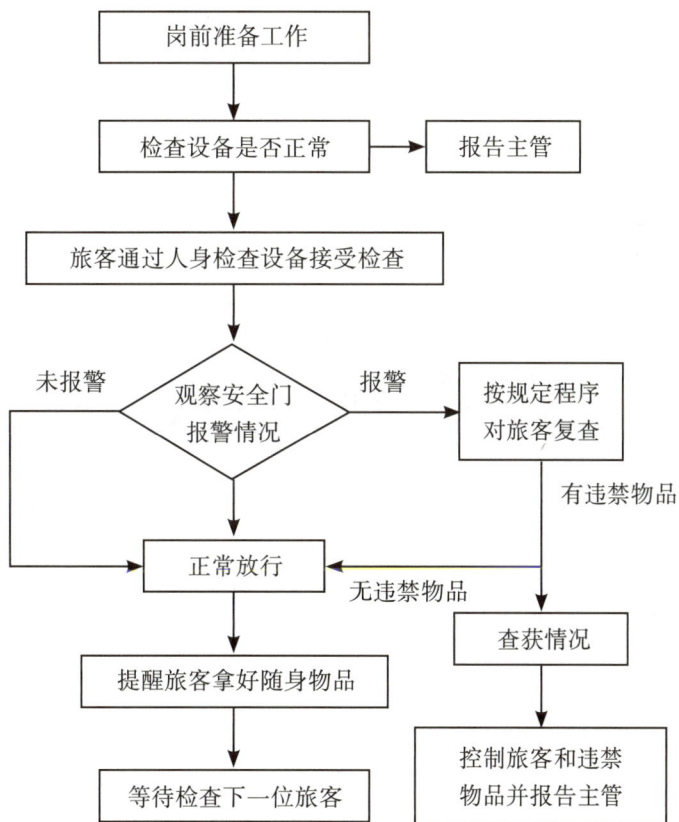

图5-8　人身检查员工作流程

· 效果检测 ·

1. 对旅客进行人身检查的方法有（　　）。

A. 一种
B. 两种
C. 三种
D. 四种

2. 对旅客进行人身检查的两种方法包括仪器检查和（　　）。

A. 金属探测门检查
B. 手持金属探测器检查
C. 手工检查
D. 目测检查

3. （　　）是指采用公开的仪器和手工相结合的方式，对旅客人身进行安全检查。

A. 仪器检查
B. 人身检查
C. 搜身检查
D. 手工人身检查

4. 人身检查是为了发现旅客身上藏匿的（　　）、违禁物品，保障民用航空器及其所载人员的生命财产的安全。

A. 非违禁品
B. 毒品
C. 货物
D. 危险

5. 人身检查的重点部位有哪些?

任务检测表

评价内容	分值	评分	备注
掌握人身检查的重点部位	40		
熟知人身检查的重点对象	20		
熟知从严检查的相关要求	15		
掌握人身检查员工作流程	25		

任务二
了解岗位设备的使用情况

· 任务描述 ·

安检员查处一旅客帽子里藏匿的打火机

2022年3月14日，在某机场T2航站楼，人身检查员在一名出港航班的中国籍男性旅客帽子内查处一次性打火机1个，后移交机场公安机关进行处理。（图5-9）

通过以上任务描述，学生可以了解到安检设备的重要性，了解在工作中做到"四到"，即探测器到、手到、眼到、心到，做到不排除疑点不放行，才能更好地把危害航空安全的人员和物品拦截在地面。

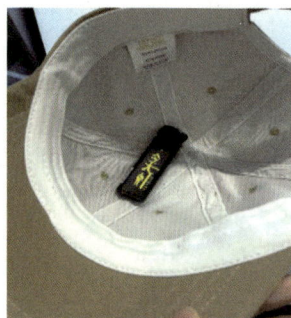

图5-9 查处一旅客帽子里藏匿的打火机

· 学习任务单 ·

任务目标	知识目标	1. 了解人身检查设备的工作原理； 2. 了解人身检查设备的性能特点； 3. 掌握人身检查设备的使用方法。
	能力目标	1. 能够了解人身检查设备的工作原理； 2. 能够熟记人身检查设备的性能特点； 3. 能够掌握人身检查设备的使用方法。
	素养目标	1. 树立民航空防安全意识； 2. 培养对民航事业的热爱之情； 3. 树立民航自信，坚定目标，为建设民航强国努力奋斗； 4. 培养热爱祖国、热爱民航的精神，努力成为引领民航发展的有力后备力量。
思政融入		1. 践行当代民航精神，强化国家安全意识； 2. 必须具备高度的责任感和担当精神，时刻保持警惕，确保工作质量和安全。
学习时数		建议学习时间为2学时，可以根据实际需要进行调整。
学习建议		1. 课前通过互联网搜索安检相关案例，增加知识储备； 2. 积极参与课堂讨论和案例分析，加深对知识的理解和运用能力。

学习运用	1. 在实际工作中，能够运用所学知识适应岗位要求； 2. 能够参与五级安检员职业技能资格鉴定，提升专业水平和职业素养。
学习反思	

· 情境问题 ·

大家在过安检的过程中认识多少种安全检查的仪器？哪些是用于人身检查的？

参考答案：

（1）安全检查用到的仪器有通过式金属探测门、毫米波人体成像安检仪、手持金属探测器、X射线安全检查仪等。

（2）用于人身检查的仪器是通过式金属探测门、毫米波人体成像安检仪、手持金属探测器。

· 知识准备 ·

一、通过式金属探测门的测试

（一）基本操作

1. 通过式金属探测门的试运行

（1）当一种型号的金属探测门在机场首次被安装时，或被改变位置后，操作员都必须重新进行调试。

（2）金属探测门应调节至适当的灵敏度，但不能低于最低安全设置要求。

（3）安装金属探测门时应避免其灵敏度受干扰。

（4）测试时分别将测试器件放置在人的右腋窝、右臀部、后腰中部、右踝内侧部位。实施测试的人员在测试时不应携带其他金属物品。

2. 通过式金属探测门的例行测试

（1）金属探测门如果连续使用（即从未关闭过），应至少每天测试一次，在接通电源后和对旅客进行检查前，都应进行测试。

（2）如果金属探测门的灵敏度与以前的测试相比有所下降，就应调高其灵敏度。

（3）每周进行一次测试，测试时把测试器件分别放在身体的四个部位，即右腋窝、右臀部、后腰中部、右踝内侧部位，将结果加以比较，分析金属探测门的性能是否良好。

（二）相关知识

1. 金属探测门应有视觉警报和声音警报功能

（1）视觉警报。金属探测门应配备视觉警报显示装置，按金属通过的比例给出一个条形的视觉警报，无论环境发光情况如何，视觉警报至少可以从5m外被清晰地观察到，低于报警限界值时显示绿色，高于其限界值时显示红色。

（2）声音警报。金属探测门应配有声音报警信号调节装置，可以调节持续时间、音调和音量。在距离门体1m远、1.6m高的地方测量警报的强度，强度至少可以从80dBA调节到90dBA。

2. 金属探测门的工作原理

脉冲技术通过式金属探测门（图5-10）的工作原理是设备发出的一连串的脉冲信号产生一个时变磁场，该磁场对探测区中的导体产生涡电流，涡电流产生的磁场在接受线圈中产生电压，并通过处理电路辨别是否报警。

图5-10　脉冲技术通过式金属探测门

3. 金属探测门的性能和特点

脉冲技术通过式金属探测门具有独特的性能，符合主要安全标准和客户安全标准。它是通过感应寄生电流及均化磁场的数字信号处理方式而获得很高的分辨率，但发射磁场厚度很低，对心脏起搏器佩戴者、体弱者、孕妇、磁性媒质和其他电子装置无害。

4. 影响金属探测门探测的因素

（1）金属探测门本身的因素。探测场的场强、探测方法（连续场与脉冲场）、工作频率和探测程序是影响探测的重要因素。

（2）探测物的因素。探测物的质量和形状、金属种类或合金成分以及探测场的方向会影响探测结果。

（3）测试者的因素。测试者的人体特征，测试者通过金属探测器的速率以及测试物在测试者身上的部位的不同都会对探测结果带来影响。

（4）周围环境的因素。使用环境中存在的一些金属物品，环境温度、湿度和周围电磁场的变化都会影响探测器的性能。

二、毫米波人体成像安检仪

（一）毫米波人体成像安检仪的工作原理

在一次扫描过程中，毫米波人体成像安检仪会主动发出不同角度、不同频率的毫米波，同时接收从人体反射回来的毫米波信号，经过重建和算法处理后，实现对民航禁限运输物品功能的自动探测。毫米波人体成像安检仪可以有效探测金属和非金属物品，包括爆炸物、枪支、刀具、火种等。

（二）毫米波人体成像安检仪的性能特点

毫米波是介于微波与光波之间的电磁波，波长一般为1~10mm，频段位于极高频（EHF），频率范围一般为30~300GHz。毫米波人体成像安检仪采用无害低功率毫米波对人体进行扫描，发射功率约为手机的1%，符合我国《电磁环境控制限值》（GB 8702—2014）及相关国际标准要求。毫米波人体成像安检仪不产生X射线，毫米波经皮肤反射不进入人体内，对儿童、孕妇、老人无害。

毫米波人体成像安检仪的检测级别分为A级和B级。A级设备与B级设备相比，能达到更高的物品检出率和更低的误报率标准。

（三）毫米波人体成像安检仪的探测模式

1. 毫米波人体成像安检仪自动探测模式判别

在毫米波人体成像安检仪被设定为自动探测模式时，设备端会在每次扫描结束后，自动进行民航禁限运输物品识别，并在识别完成后，把自动生成的检查结论显示在设备主机屏幕上或发送到不同的本地显示工作站上。

如人偶图像上显示橙色圆圈标记，系统则判断受检人员可能随身携带了民航禁限运输物品，人身检查员将依据该图像报警框的位置，对受检人员进行手工人身检查（图5-11）。

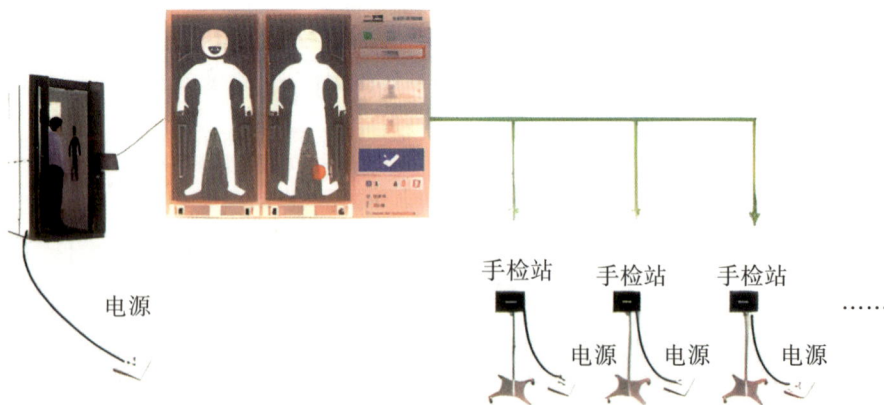

图5-11　自动探测模式

2. 毫米波人体成像安检仪人工判图模式判别

在毫米波人体成像安检仪被设定为人工判图模式时，设备端仍然会在每次扫描结束后，给出自动报警的嫌疑框标记，但不会自动生成检查结论。每次扫描结束后，设备端会将包含自动报警嫌疑框的扫描结果发送到远程判图工作站上，工作站的判图员会对扫描图像进行人工判断，确定民航禁限运输物品的位置和风险。

如果判图员发现扫描图像上有可疑处，就标记出物品位置并提交结论，设备主机屏幕或本地显示工作站旁的人身检查员将依据该图像报警框的位置，对受检人员进行手工人身检查。（图5-12）

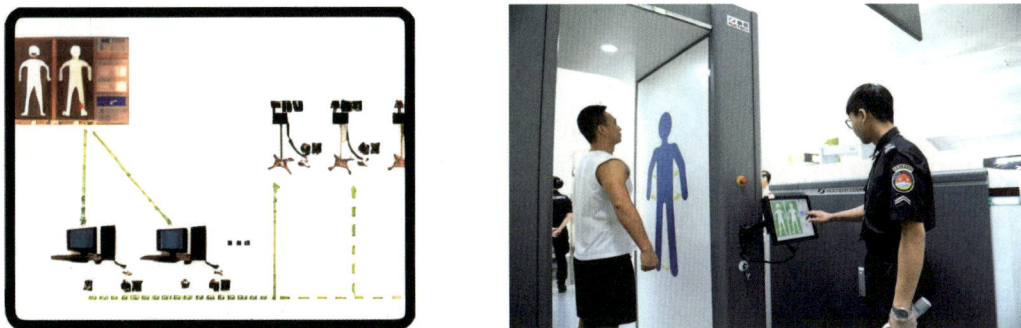

图5-12　人工判图模式

三、手持金属探测器的测试

（一）PD140手持金属探测器基本操作

1. 电池安装

PD140金属探测器可由9V干电池或Varta TR7/8型镍氢充电电池及类似产品供电。安装电池时拧下手柄末端的盖，并根据电池仓口处的极性指示正确插入电池，然后拧紧后盖，保证电池接触良好。

2. 开机

三相开关可向左或向右拨动，由此来选择两种操作报警模式：向左为只有灯光报警指示，向右为报警和音响同时工作，中间为关闭电源。打开探测器时报警指示灯将闪烁几秒。报警指示灯连续闪烁时，应使探测面离开任何金属物品，直至指示灯熄灭。如电源指示灯以1秒间隔闪烁，表明电池电量充足，如电源指示灯快速闪烁，表明需要更换电池或应给电池充电。

3. 灵敏度调节及操作指导

PD140金属探测器配备灵敏度调节钮，有三挡（高、中、低）可供选择。若使用高灵敏度型号，调节钮为连续调节型，以确保精细校准。一般情况下，灵敏度应设在中挡，其他挡位的使用则取决于被测金属物体的尺寸和距离。PD140金属探测器的灵敏度区域位于装置的下部平面区内，测量面积为60mm×140mm。

4. 电池充电

将PD140的手柄插入BC140充电器就可充电。充电时探测器必须关闭。打开充电器开关，通过电源指示灯确认电源存在，完全充电所需时间为16小时。BC140充电器可与其他类似设备串联使用，注意不要对干电池进行充电。

（二）相关知识

1. 手持金属探测器的工作原理

正常的手持金属探测器产生恒频率磁场，灵敏度调至频率哑点（中心频率）。当探测器接近金属物品时，磁场受干扰发生变化，频率漂移，灵敏度变化，发出报警信号；当探测器离开金属物品，灵敏度恢复恒定频率，此时小喇叭无声响（哑点）。

2. 手持金属探测器的使用和保管

（1）手持金属探测器属小型电子仪器，使用时应轻拿轻放，以免损坏仪器。

（2）手持金属探测器应由专人保管，注意防潮、防热。

（3）手持金属探测器应使用微湿柔软的布进行清洁。

典型案例

某机场查处旅客分装隐匿火种事件

2022 年 5 月 18 日 18 时 17 分，安全检查员正在执行航班保障任务。人身检查员发现一名旅客上衣兜内有异常物品，要求旅客取出，证实为 4 根火柴后，安检员立即对旅客进行严格的检查，同时将情况上报值班领导，并将该旅客移交至机场派出所进行调查处理。

此次事件是旅客利用手持金属探测器对火柴等非金属物质不报警的特性，将火柴分装多处以逃避安全检查的典型案例。

· 效果检测 ·

1. 金属探测门应配备视觉警报显示装置，按通过的（   ）给出一个条形的视觉警报。

A. 物品性质　　　　B. 金属比例　　　　C. 物品速度　　　　D. 状态方式

2. 下列关于金属探测门视觉警报的描述正确的是（   ）。

A. 金属探测门仅配备视觉警报显示装置

B. 金属探测门按通过的金属比例给出一个扇形的视觉警报

C. 视觉警报无论环境光线情况如何，至少可以从5m外被清晰地观察到

D. 信号低于报警限界值时显示红色，高于报警限界值时显示绿色

3. 金属探测门的显示装置应配备（   ）（多选）。

A. 电子　　　　　　B. 声音警报　　　　C. 视觉警报

D. 电击警报　　　　E. 80 dBA

4.　下列关于金属探测门声音警报的描述不正确的是（　　　）。

A.　金属探测门应配有声音报警信号调节装置

B.　金属探测门声音报警信号调节装置可以调节持续时间、音调和音量

C.　金属探测门按通过的金属比例给出一个条形的声音警报

D.　在距离门体1m远、1.6m高的地方测量警报的强度，强度至少可以从80 dBA调节到90 dBA

任务检测表

评价内容	分值	评分	备注
熟知金属探测门的相关知识	20		
熟知毫米波人体成像安检仪的相关知识	20		
掌握手持金属探测器的相关知识	60		

任务三
掌握岗位操作流程及注意事项

·任务描述·

某机场安检员查获腰部藏匿的打火机

2022年5月30日21时40分，某机场安检员在T2国内17号通道执行手检任务时，发现一名旅客在安全门外等候人身检查期间，不断向门内张望，神色慌张，眼神刻意闪躲，并频繁调整衣服裤腰，这一行为引起安检员的警觉。

安检员在对其实施人身检查时，要求旅客张开双臂配合检查，该旅客动作缓慢拘谨，不愿配合。安检员再次要求其配合检查，旅客仍然拒绝，随后安检员通过仔细观察，在其腰带侧腹部发现隐匿的打火机一枚。（图5-13）

安检员立即控制此旅客，并迅速将此情况进行上报，移交机场公安机关进行处理。

通过这个任务描述，我们可以了解到人身检查的必要性以及人身检查的重点对象。

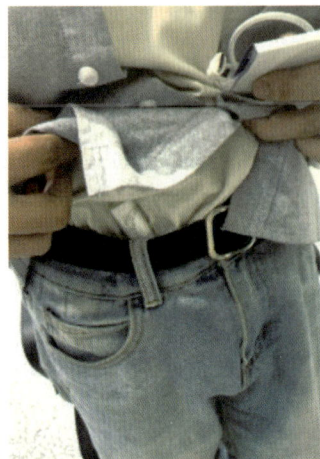

图5-13　某机场安检员
查获腰部藏匿打火机

任务目标	知识目标	1. 了解人身检查的定义及相关要求； 2. 了解手工人身检查的相关知识； 3. 了解仪器人身检查的相关知识。
任务目标	能力目标	1. 能够熟知并掌握人身检查的重点对象及部位； 2. 能够熟知并掌握手工人身检查的方法及相关操作； 3. 能够熟知并掌握仪器人身检查的方法及相关操作。
	素养目标	1. 树立民航空防安全意识； 2. 培养对民航事业的热爱之情； 3. 树立民航自信，坚定目标，为建设民航强国努力奋斗； 4. 发挥热爱祖国、热爱民航的精神，努力成为引领民航发展的有力后备力量。
思政融入	践行当代民航精神，强化国家安全意识。	
学习时数	建议学习时间为2学时，可以根据实际需要进行调整。	
学习建议	1. 通过互联网搜索安检相关案例，增加知识储备； 2. 积极参与课堂讨论和案例分析，加深对知识的理解和运用能力。	
学习运用	1. 能够运用所学知识适应岗位要求； 2. 能够参与五级安检员职业技能资格鉴定，提升自己的专业水平和职业素养。	
学习反思		

人身检查的顺序是什么？

参考答案：

由上到下、由里到外、由前到后。

一、人身检查的基本操作

（一）人身检查的顺序

由上到下、由里到外、由前到后。

（二）人身检查的方法

对旅客进行人身检查有两种方法：仪器检查和手工检查，现场工作中通常可采用仪器与手工相结合的检查方法。

仪器检查是指安检员按规定的方法通过金属探测门或采取手持金属探测器等对旅客进行检查以发现危险品、违禁品及限制物品。

（三）手持金属探测器检查的顺序

（1）前衣领→右肩→右大臂外侧→右手→右大臂内侧→腋下→右前胸→右上身外侧→腰、腹部→左肩→左大臂外侧→左手→左大臂内侧→腋下→左前胸→左上身外侧→腰、腹部。

（2）右膝部内侧→裆部→左膝部内侧。

（3）头部→后衣领→背部→后腰部→臀部→左大腿外侧→左小腿外侧→左脚→左小腿内侧→右小腿内侧→右脚→右小腿外侧→右大腿外侧。

（四）手工人身检查的要求

1. 手持金属探测器配合手工检查方式的要求

进行人身检查时，应注意手与手持金属探测器的有效配合，手持金属探测器所到之处，人身检查员应当用另一只手配合进行摸、按、压的动作，如果手持金属探测器报警，人身检查员应当要求受检人员取出物品并进行检查、确认，对报警部位进行复查，排除疑点后方可进行下一步检查。

2. 纯手工检查方式的要求

采用纯手工检查方式进行手工人身检查时，应当在手不离开受检人员衣物或身体的情况下，顺着受检人员身体的自然姿态，双手配合，以适当的力度，通过摸、按、压等方法，感觉出受检人员身体或衣物内是否有不相贴合、不自然的物品。

（五）手工人身检查的操作流程

1. 手持金属探测器配合手工检查方式的操作流程

（1）人身检查员面对或侧对金属探测门站立，注意观察金属探测门报警情况及动态，确定手工人身检查对象。

（2）受检人员通过金属探测门时有报警声或受检人员属于人身检查重点对象时，人身检查员指引受检人员到指定位置接受手工人身检查。

（3）人身检查员请受检人员到指定位置站立，并从受检人员前身开始实施手工人身检查。

（4）人身检查员完成前身检查后，请受检人员转身（或采用移位检查方式，主动转至受检人员身后），对受检人员后身实施检查。

（5）当人身检查员检查到受检人员脚部，手持金属探测器报警且无法排除疑点时，应请受检人员坐在椅子上，请其脱鞋，对脚部进行复检，并对脱下的鞋进行安全检查。

（6）检查完毕后，人身检查员提醒受检人员拿好行李物品，并回到原检查位置进入待检状态。

2. 纯手工检查方式的操作流程

（1）前传引导检查员将需要实施纯手工人身检查的对象，告知人身检查员。

（2）人身检查员请受检人员面对行李物品方向站立，提醒受检人员照看自己的行李物品，并从受检人员前身开始实施纯手工人身检查。

（3）人身检查员完成前身检查后，请受检人员转身（或采用移位检查方式，主动转至受检人员身后），对受检人员后身实施检查。

（4）当人身检查员检查到受检人员脚部有疑点时，应请受检人员坐在椅子上，请其脱鞋，对脚部进行检查，并对脱下的鞋进行安全检查。

（5）检查完毕，人身检查员提醒受检人员拿好行李物品，并回到原检查位置进入待检状态。

二、手工人身检查的注意事项

（1）检查时，人身检查员双手掌心要切实接触旅客身体和衣服，因为手掌心面积大且触觉较敏锐，这样能及时发现藏匿的物品。

（2）要认真检查旅客的全身，不可只查上半身，不查下半身，应特别注意检查重点部位。

（3）对受检人员的衣领、帽子（帽兜）、领带、围巾（围脖）、腰带、鞋、挽起的袖管和裤管、手套等可能会藏匿物品的介质应进行检查；对裸露在外的肢体，目视无疑点的可不再进行手工检查；对脚部报警且无法排除疑点的，应要求其脱掉鞋子，对脚部进行复检，并对脱下的鞋子进行安全检查。

（4）手工人身检查出的物品，应进行安全确认，并对查出放置物品的部位进行复检，防止夹带民航禁限运输物品。

（5）检查过程中应注意观察受检人员的神态、肢体语言，以便发现异常情况。

（6）手工人身检查一般由与受检人员同性别的安检员实施，对女性受检人员的手工人身检查，应当由女性安检员实施。

（7）受检人员基于风俗、宗教信仰等原因，要求由同性别安检员实施手工人身检查的，应当满足其合理要求。

三、移位人身检查法

移位人身检查法是指在旅客接受人身检查时，人身检查员按规定的方法主动完成从前到后的人身检查程序，省去了旅客转身的步骤，从而让旅客能够始终面对自己的行李物品的一种人身检查方法。

移位人身检查法是一种从尊重旅客、方便旅客的角度出发的人身检查方法。移位人身检查法的程序如下。

（1）人身检查员面对或侧对金属探测门站立，注意观察金属探测门报警情况及动态，确定人身检查对象。

（2）当旅客通过金属探测门有报警声或者有需要重点检查的对象时，人身检查员应指引旅客到安检门的一侧接受人身检查。

（3）人身检查员请旅客面对自己的行李物品方向站立，提醒旅客照看好自己的行李物品，并从旅客正面开始实施人身检查。

（4）人身检查员在完成旅客前半身的人身检查程序后，主动转至旅客身后，从旅客背面实施人身检查。

（5）当人身检查员检查到旅客脚部有异常或鞋子较厚较大时，应让旅客坐在椅子上，请其脱鞋，用手持金属探测器和手眼相结合的方法对其脚部进行检查，并将旅客的鞋子通过X射线安全检查仪进行检查。

（6）检查完毕后，人身检查员应提醒旅客拿好自己的行李物品。

· 效果检测 ·

1. 手持金属探测器检查的程序为：右膝部内侧→裆部→（　　　）。

A. 右膝部外侧 　　　　　　　　　B. 左膝部内侧

C. 左膝部外侧 　　　　　　　　　D. 脚部

2. 人身检查的程序是由上到下，（　　　）、由前到后。

A. 由左到右 　　　　　　　　　　B. 由外到里

C. 由里到外 　　　　　　　　　　D. 由右到左

3. 手工人身检查的程序为：人身检查员面对旅客，先从（　　　）开始，至双肩、前胸、腰部为止。

A. 衬衫 　　　　　B. 领带 　　　　　C. 前衣领 　　　　　D. 头部

4. 人身检查是指采用公开的仪器和（　　　）相结合的方式，对旅客人身进行安全检查。

A. 手工 　　　　　　　　　　　　B. 搜身检查

C. 秘密武器 　　　　　　　　　　D. 公开手段

5. 下列属于人身检查重点部位的是（　　　）。

A. 头部 　　　　　B. 颈部 　　　　　C. 面部 　　　　　D. 小腿

6. 检查中要认真检查旅客的全身，不可只查（　　　），不查下半身，应特别注意检查重点部位。

A. 左半身 　　　　　　　　　　　B. 上半身

C. 右半身 　　　　　　　　　　　D. 后背

7. 对女性旅客实施手工检查时，必须由（　　　）安检员进行。

A. 男性 　　　　　B. 中性 　　　　　C. 中年 　　　　　D. 女性

任务检测表

评价内容	分值	评分	备注
熟知人身检查的顺序和方法	30		
掌握使用手持金属探测器检查的顺序	40		
掌握手工人身检查的流程	20		
熟知移位人身检查法的要求	10		

任务四
能够对特殊情况进行处置

· 任务描述 ·

某机场查处一起旅客隐匿携带打火机事件

2022年12月27日，上午9时20分，正值航班早高峰时期，人身检查员在对前往北京的某航班的一名中年男性旅客检查时，发现旅客表情异常，试图通过与人身检查员谈话分散其注意力。

人身检查员立刻对旅客开展异常行为识别，对其进行严格检查后，在其手部发现隐匿在一次性手套中的打火机。

检查员当场报告现场值班领导，并将该旅客移交机场公安机关进行处理。

通过以上任务描述，我们可以了解到在人身检查岗位上要保持高度的专注力，学会观察旅客的微表情，对异常行为进行有效识别。

· 学习任务单 ·

任务目标	知识目标	掌握人身检查中对特殊人员的检查方法。
	能力目标	熟知并掌握民用航空安全检查工作手册中对特殊旅客的检查要求。
	素养目标	1. 树立民航空防安全意识； 2. 培养对民航事业的热爱之情； 3. 树立民航自信，坚定目标，为建设民航强国努力奋斗； 4. 发扬热爱祖国、热爱民航的精神，努力成为引领民航发展的有力后备力量。

续表

思政融入	1. 培养践行当代民航精神，强化国家安全意识； 2. 培养爱国之情、责任感、民航工匠精神，强化国家安全意识。
学习时数	建议学习时间为2学时，可以根据实际需要进行调整。
学习建议	1. 通过互联网搜索安检相关案例，增加知识储备； 2. 积极参与课堂讨论和案例分析，加深对知识的理解和运用能力。
学习运用	1. 在实际工作中，能够运用所学知识适应岗位要求； 2. 能够参与五级安检员职业技能资格鉴定，提升专业水平和职业素养。
学习反思	

· 情境问题 ·

对于打绷带、石膏的旅客应如何检查?

参考答案:

首先应查验其医院证明，其次通过用手持金属探测器检查与手工检查相结合的方式进行检查。

对打有绷带或石膏的部位，应使用手持金属探测器在有效距离内进行探查，同时进行爆炸物探测检查，确认安全后放行。对于没有医院证明的，应当进行从严检查。

· 知识准备 ·

一、检查孕妇等旅客的注意事项

（一）对孕妇和使用心脏起搏器的旅客

（1）首先应诚恳地向其说明检查仪器对胎儿及旅客的健康均无影响，尽量动员旅客自觉接受安全检查。

（2）如不能使其消除顾虑，可改用手工检查。

（二）对怀抱婴儿的旅客

（1）如婴儿无法站立，则对婴儿与大人重叠的部分进行严格细致的检查。（图5-14）

（2）如婴儿可以站立，在对婴儿进行人身检查后，由大人将婴儿放下让其站立，再对大人进行人身检查。

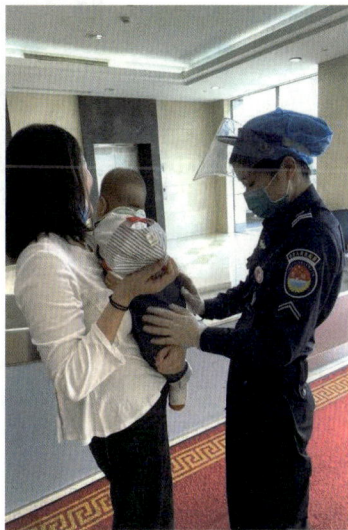

图5-14 检查怀抱婴儿的旅客

（三）对携带婴儿车的旅客

（1）婴儿车需通过X射线安全检查仪进行检查。

（2）若无法通过X射线安全检查仪进行检查，必须对婴儿车进行手工检查和爆炸物探测检查。

二、检查残疾旅客的注意事项

残疾旅客包括肢体残疾、视力残疾、听力残疾、言语残疾等。在对残疾人做安全检查时，应保障安全、尊重隐私、尊重人格。如残疾旅客要求非公开检查时，安检员应及时安排。

（1）对肢体残疾旅客的检查：应注意避开其他旅客，特别是对其假肢进行拆卸检查时更要注意，尽量不要损伤其自尊心或使其感到难堪。肢体残疾旅客的电动轮椅，其电瓶应符合民航局关于危险品运输管理的规定。

（2）对言语残疾、听力残疾旅客的检查：因其语言、听觉障碍，如检查人员不懂手语，可用文字或手势告知其应该怎么做，但不能用手或探测器推拉、拨弄旅客。

（3）对盲人旅客的检查：盲人乘机一般有亲友随同，检查时，可在其随同人员的配合下进行检查。

（4）对残疾旅客助残设备的检查：对助残设备进行安全检查时，安检员判断该助残设备可能藏有武器或其他违禁物品的，可进行特殊的检查。（图5-15）

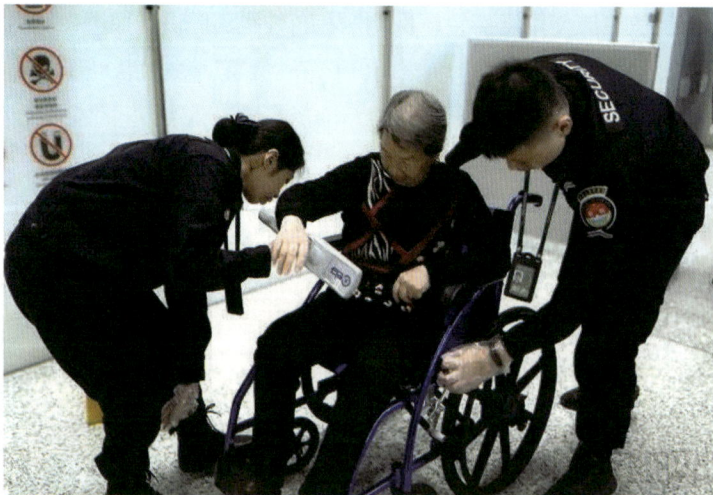

图5-15　对残疾旅客助残设备的检查

三、检查伤、病旅客的注意事项

（1）对确实不能通过安全门的重伤、重病旅客，可安排一至两名与其同性别的检查员对其进行手工检查。

（2）对坐轮椅、躺担架的旅客可用手持金属探测器进行检查，对其身体两侧及身后应尽量采取触摸的方法，必要时可请陪同人员或亲友协助，直到查清为止。

（3）乘坐轮椅的残疾人，可通过轮椅过道接受人身检查。过检时安检员可采取直观观察、使用手持金属探测器、手工人身检查、爆炸物探测的检查方法。对残疾人身体两侧、身后等不宜使用手持金属探测器检查的部位，应尽量采取用手触摸的方法，必要时可请陪同人员协助。

（4）对残疾人臀部与轮椅接触部位的检查，一般情况下，不宜采取让残疾人抬起臀部的做法，如发现特殊情况，确有疑点的，需要手工摸查残疾人臀部和轮椅坐垫的，该检查工作应在封闭检查区域内进行。

四、检查残疾人使用的轮椅的注意事项

（1）应采取手工检查和爆炸物探测的检查方法。

（2）首先观察整体外观，看有无可疑的接点（焊点），有无做过其他改动等。

（3）其次对轮椅的附兜、靠背前后等进行手工摸查，看有无夹带、藏匿物品。

（4）应使用爆炸物探测器对轮椅取样并进行爆炸物探测检查。如爆炸物探测检查报警的，应移交机场公安机关进行处理。

五、检查打绷带、石膏的旅客的注意事项

（1）检查前应提前通知痕量检查人员到场对打绷带、石膏的旅客进行痕量检测。

（2）检查到旅客患处时应动作轻柔，并询问检查的方式及力度是否会弄伤或弄疼旅客。

六、检查残疾旅客"服务犬"的注意事项

（1）服务犬是指为残疾旅客生活和工作提供协助的特种犬，包括辅助犬、导听犬、导盲犬（图5-16）。

（2）服务犬经安全检查后，予以放行。服务犬接受安全检查前，应告知服务犬的主人请其协助控制好服务犬，对服务犬实施手工检查，旅客应当为其佩戴防咬人、防吠叫装置。对服务犬身上的附着物能卸下的通过X射线安全检查仪检查，不能卸下的应进行手工检查和爆炸物探测检查。

图5-16　服务犬

七、检查晚到旅客的注意事项

（1）接到晚到旅客通知后，安检各岗位在确保旅客安检有效性的前提下协助旅客快速过检。

（2）不能因旅客着急或催促而降低检查标准。

（3）旅客检查完毕收拾行李时应协助并提醒旅客带好随身物品。

（4）情况允许的条件下通知登机口服务人员晚到旅客已经过检。

八、检查因宗教、文化信仰等不愿接受人身检查的特殊旅客的注意事项

在旅客提出要求保护其隐私权，申请单独检查时，在报安检现场值班领导批准后，由两名以上同性别安全检查员在非公开检查室对旅客实施检查，并做好记录。

拓展知识

有下列情形之一的，人身检查员应按程序报告公安机关：

（1）随身携带属于国家法律法规规定的危险品、违禁品、管制物品的。

（2）随身携带相关规定以外民航禁止运输、限制运输物品，经民航安检机构发现提示仍拒不改正，扰乱秩序的。

（3）对民航安检工作现场及民航安检工作进行拍照、摄像，经民航安检机构警示拒不改正的。

（4）逃避安全检查或者殴打辱骂民航安全检查员或者其他妨碍民航安检工作正常开展，扰乱民航安检工作现场秩序的。

（5）其他危害民用航空安全或者违反治安管理行为的。

·效果检测·

1. 人身检查的程序是什么？

2. 人身检查员进行手工人身检查时有哪些注意事项？

任务检测表

评价内容	分值	评分	备注
掌握孕妇、婴儿旅客的检查方法	10		
掌握残疾旅客的检查方法	30		
掌握残疾旅客轮椅的检查方法	20		
掌握对打绷带、石膏的旅客检查方法	10		
熟知残疾旅客"服务犬"的检查注意事项	10		
熟记因宗教、文化信仰等不愿接受人身检查的特殊旅客的检查注意事项	20		

项目六 开箱包检查

▪项目导入▪

　　开箱包检查岗位是机场安检工作中非常重要的一环，其工作的质量直接关系到航班的安全和顺利运行。因此，从事这个岗位的工作人员需要严格遵守相关规定和标准，并且不断提高自己的专业水平和技术能力。本项目将学习开箱包检查的程序、方法和操作技巧，常见物品的检查方法以及特殊情况处置等。

·项目导图·

开箱包检查——
- 了解岗位基本情况
- 掌握操作流程和方法
- 学习物品检查方法
- 情况处置（暂存、移交）

云学习

·学习初体验·

活动流程：

1. 将同学们进行分组，模拟练习，每组分别有开箱包检查员和旅客。

2. 为每组分配一个箱包，里面装有生活物品和一些违禁品。

3. 模拟开箱包检查岗位的工作流程。

4. 最后查看是否将违禁物品全部查出。

讨论与反思：练习结束后，请大家进行总结讨论，分享操作经验和感受。鼓励大家提出问题和疑惑，共同探讨解决方案。

安全意识教育：通过案例或视频资料展示因疏忽导致的安全事故，再次强调安全意识的重要性，在未来的工作中我们要时刻保持警惕。

评估与反馈：根据操作过程和安全意识进行评估，并给予反馈。

一、物品检查的范围

物品检查的范围主要包括三个方面：一是对旅客、进入隔离区的工作人员随身携带的物品的检查；二是对随机托运行李物品的检查；三是对航空货物和邮件的检查。

二、《国际民用航空公约》附件17中关于违禁物品的定义及分类

1. 违禁物品的定义

违禁物品是指属于严禁被携带进入航空器客舱或带入机场保安限制区内的物品，但经批准的人员为履行重要任务对其有所需要者除外。这些重要任务与机场、航空器、运行、工程、航空公司、机场配餐设施和餐厅的运营有关。经批准的人员包括航空器机组成员，需要这些违禁物品履行正常飞行的职责，或作为紧急救生或医疗设备的必备组成部分。

2. 违禁物品的分类

（1）腐蚀性物质：汞、车辆电池。

（2）炸药类：雷管、导火索、手榴弹、地雷、炸药。

（3）易燃液体：汽油、甲醇。

（4）易燃固体和活性物质：镁、引火物、烟火、照明弹。

（5）气体：丙烷、丁烷。

（6）其他物质：装过燃料的车辆燃油系统部件、氧化物和有机过氧化物、漂白剂、车身修理工具。

（7）放射性物质：医用或商用同位素。

（8）有毒或传染性物质：鼠药、被感染的血液。

任务一
了解岗位基本情况

某机场的开箱包员通过仔细检查旅客的行李，发现了一枚新型打火机。由于这种打火机与普通金属零件相似，很难从图像中辨别出来，因此具有潜在的危险性。开箱包员及时采取行动，对该旅客进行耐心解

释并根据相关规定要求其将打火机交由家属带回，确保了机场和飞机的安全。机场开箱包岗位的重要性在于确保机场和飞机的安全。通过仔细检查旅客的行李，开箱包员可以发现并阻止一些危险品或违禁品被带上飞机，从而避免可能发生的危险或威胁。

因此，机场开箱包岗位是机场安全保卫工作的重要岗位，开箱包员需要具备高度的警觉性和专业技能。通过与旅客的沟通和解释，开箱包员可以促使旅客自觉遵守相关规章制度，从而减少潜在的危险和威胁，确保机场和飞机的安全。

·学习任务单·

任务目标	知识目标	了解《民用航空安全检查工作手册》中关于行李物品开箱包检查的相关规定和操作流程。
	能力目标	掌握开箱包检查的技能和方法，包括正确打开行李箱、识别危险品、处理不符合规定的物品等。
	素养目标	培养对开箱包检查工作的敬业精神和职业道德，能够保持警惕性并快速应对突发情况。
思政融入		1. 树立爱国主义精神，强化国家意识； 2. 培养尊重国际规则、维护国际秩序的意识和能力。
学习时数		建议学习时间为2~4学时，可以根据实际需要进行调整。
学习建议		1. 阅读相关法规和规定，理解并掌握开箱包检查工作的基本要求和标准； 2. 通过模拟操作和实际演示，掌握开箱包检查的技能和方法，熟悉操作流程； 3. 通过案例分析和讨论，学习如何应对突发情况和处理复杂问题； 4. 在实际工作中积极参与实践，积累经验并不断提高自己。
学习运用		1. 掌握开箱包的基本操作技能，可以通过模拟训练或者现场实习来提高操作水平； 2. 了解和掌握有关安全操作、危险品识别以及应急处置等方面的知识，保障旅客和自身安全； 3. 了解并遵守有关机场开箱包的相关法律法规。
学习反思		

·情境问题·

我们都知道100 mL化妆品是不可以随身携带的，需要托运。那么大家知道为什么要卡100 mL这个数字吗？

参考答案：

一个主要原因是液体的控制有助于减少飞机上的潜在危险。通过限制携带的液体数量，机场安检员能够更容易地检查每个旅客的行李，以确保旅客携带的物品不会威胁航空安全。限制超过100 mL液体的携带还有助于提高安全检查的效率。当旅客遵守规定，只携带小容量的液体时，安全人员可以更快速地检查行李和液体物品。这不仅可以减少安检排队的时间，还可以缩短机场安全检查的整体时间，提高航班准时率。在飞行过程中，飞机经历不同的气压和温度变化，这可能会导致液体物品泄漏或喷溅，引起混乱或火灾。限制超过100 mL液体的携带可以减少这种潜在风险，保障旅客和机组人员的飞行安全。

· 知识准备 ·

一、开箱包检查岗位概述

开箱包检查岗位主要负责对旅客行李进行开箱包检查。这个岗位的主要职责是对旅客携带的行李箱包进行检查，并对其中的物品进行逐一检查，确保它们符合安全标准并且不会威胁其他旅客的安全。（图6-1）

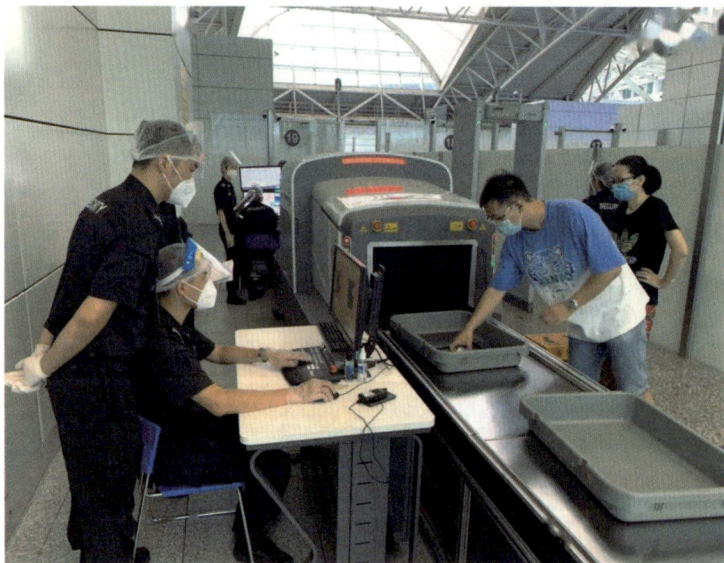

图6-1　开箱包检查岗位

在开箱包检查岗位上工作的人员需要具备一定的技能和知识，如如何正确地打开行李箱、如何识别危险品、如何处理不符合规定的物品等。此外，他们还需要保持警惕性并能够快速应对突发情况，如遇到可疑行李或遇到情绪激动的旅客等。

二、开箱包检查员的工作职责

根据《民用航空安全检查工作手册》中第三章民航安检员岗位职责第五十四条规定，开箱包检查员职责包括：

（1）确认并复述民航行李安检设备操作岗位的指令，确认箱包归属，控制箱包，进行开箱包检查；

（2）与民航行李安检设备操作岗位确认检查结果，并提示对开箱包检查的行李物品进行复检；

（3）通知防爆检查岗位对疑似爆炸物品、爆炸装置或者无法确认性质的可疑行李物品进行防爆检查；

（4）按规定处置发现的民航禁限运输物品及携运人员。

三、开箱包检查员工作流程

开箱包检查员工作流程见图6-2。

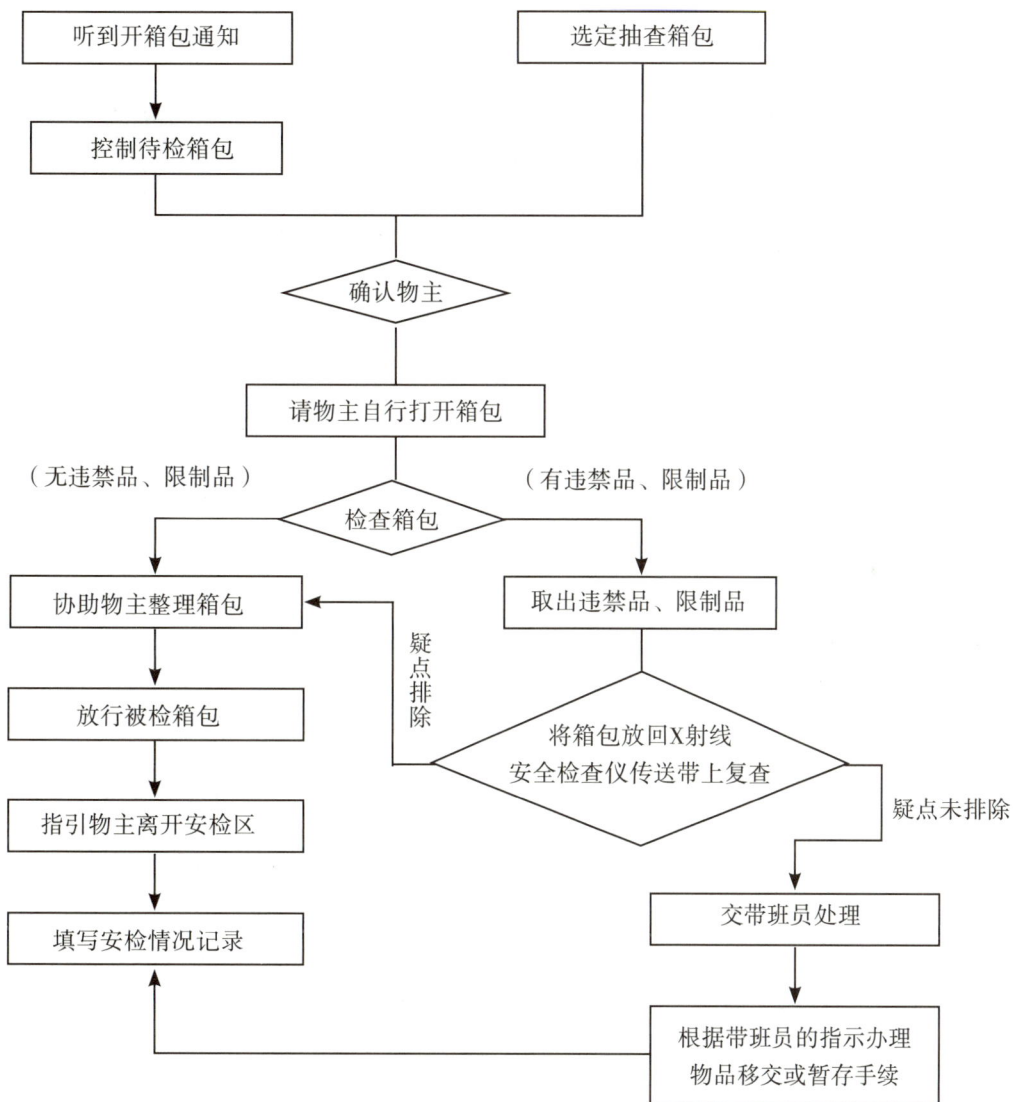

图6-2　开箱包检查员工作流程

·效果检测·

1. 以下物品可以随身携带的是（　　　）。

A. 100 g洗面奶　　　　B. 400 mL洗发水　　　　C. 80 mL发胶喷雾　　　　D. 125 mL牛奶

2. 简述开箱包检查员的工作职责。

3. 旅客包内有疑似块状物品，该如何检查？

任务检测表

评价内容	分值	评分	备注
岗位要求	20		
开箱包检查员的工作职责	40		
情况处置	40		

任务二
掌握操作流程和方法

· 任务描述 ·

某机场安检查处一起旅客在随身行李内藏匿剔骨刀事件

近日，某机场安检员查处一起旅客在随身行李内藏匿剔骨刀事件。

当日8时5分，该机场安检二区5号通道，X射线安全检查仪操作员在对一名飞往成都的旅客的随身行李进行过机检查时，发现其行李内有一瓶超量洗衣液、一个打火机和一把刀子，这立即引起了安检员的高度警觉。秉持着不放过任何疑点的工作态度，安检员通知开箱包检查员进行检查，经过开箱和详细询问，最终发现该旅客用红色胶带将数十个衣架缠绕在一起，并将长约20cm的剔骨刀同样用红色胶带全部包裹横向缠绕在晾衣架上，从外观看难以辨别。安检员立即控制住该旅客，迅速将此情况上报，并按相关规定移交机场公安机关处理。

在机场安全检查过程中，安检员必须保持高度警觉，不放过任何疑点，以确保航空安全。在这个案例中，安检员首先通过X射线安全检查仪发现了异常，然后立即采取行动，进行进一步的检查。他们秉持不放过任何疑点的工作态度，仔细检查了旅客的行李，并最终发现了藏匿的剔骨刀。这个案例也强调了开箱包岗位的重要性。开箱包员是负责检查旅客行李的直接人员，他们需要仔细检查每一件行李，以确保没有危险物品或违禁物品被携带上飞机。在这个案例中，开箱包员在检查中发现了一个被藏匿的剔骨刀，这对于保障航空安全是非常重要的。此外，这个案例还提醒旅客要注意行李安全。旅客应该了解航空公司规定的行李限制和规定，并且在打包行李时仔细检查，以确保没有危险物品或违禁物品被携带上飞机。总之，这个案例展示了机场安检员的高度责任心和专业性，以及开箱包岗位的重要性。同时，也提醒旅客要注意行李限制规定，以确保航空安全。

·学习任务单·

任务目标	知识目标	1. 了解开箱包检查员的基本职责和操作流程； 2. 掌握开箱包检查的常用方法和技术； 3. 理解不同物品的潜在危险性和相应的检查方法。
	能力目标	1. 能够正确疏导和指引受检箱包； 2. 能够根据开机员的提示，对箱包进行有针对性的检查； 3. 能够准确判断物品的安全性，并作出相应的处理。
	素养目标	1. 培养对工作的敬业精神和职业道德； 2. 增强对安全检查工作的责任心和关注度； 3. 提高对不同物品的检查敏感度和警惕性； 4. 形成良好的服务态度和职业操守。
思政融入		1. 强化安全意识，提高对民航安全检查工作重要性的认识； 2. 提升对职业道德和职业操守的认识，自觉遵守行业规范； 3. 培养团队协作和沟通协调能力； 4. 增强应对突发情况的能力。
学习时数		建议学习时间为2~4学时，可以根据实际需要进行调整。
学习建议		1. 了解开箱包检查的程序，包括检查前的准备、检查过程中的操作流程和注意事项等，掌握正确的检查方法和技能； 2. 了解检查员的职责和操作程序，包括如何进行安全检查、如何发现和处理安全隐患、如何与相关人员进行沟通和协作等。
学习运用		1. 在安全检查模拟演练中，模拟不同的场景和情况，加深对检查程序和操作程序的理解和掌握； 2. 在实际安全检查工作中，跟随有经验的检查员进行实践操作，学习开箱包检查程序和检查员的操作程序，积累实际工作经验； 3. 学习者可以组成小组，共同讨论开箱包检查程序和检查员的操作程序，分享经验和技巧，共同提高技能水平； 4. 通过分析一些实际的安全检查案例，了解其中的问题和解决方法，提高安全检查的技能和判断能力。

续表

学习反思	

· 情境问题 ·

开箱包检查员发现旅客携带白色粉末状物品该如何处理？

参考答案：

首先，将旅客的登机牌和粉末状物品掌握在自己的手里。其次，询问旅客该物品的性质和作用，旅客回答问题时可观察旅客表情动作等。再次，根据物品检查方法，判明该物品的性质，可采用试烧、闻、化水等方法或用相关仪器检测。最后，对于实在无法判明的物品，请示带班领导。

· 知识准备 ·

一、箱包的检查程序

（1）观察外层。看箱包的外形，检查外部小口袋及有拉链的外夹层（图6-3）。

（2）检查内层和夹层。用手沿箱包的各个侧面上下摸查，将所有的夹层、底层和内层小口袋检查一遍（图6-4）。

图6-3　观察外层

图6-4　检查内层和夹层

（3）检查箱包内物品。按X射线安全检查仪操作员所指的重点部位和物品进行检查。在没有具体目标的情况下应一件一件检查，已查和未查的物品要分开，要整齐有序地放置；如箱包内有枪支等重大违禁物品，应先取出保管好，然后再细查其他物品，要对物主采取控制措施（图6-5）。

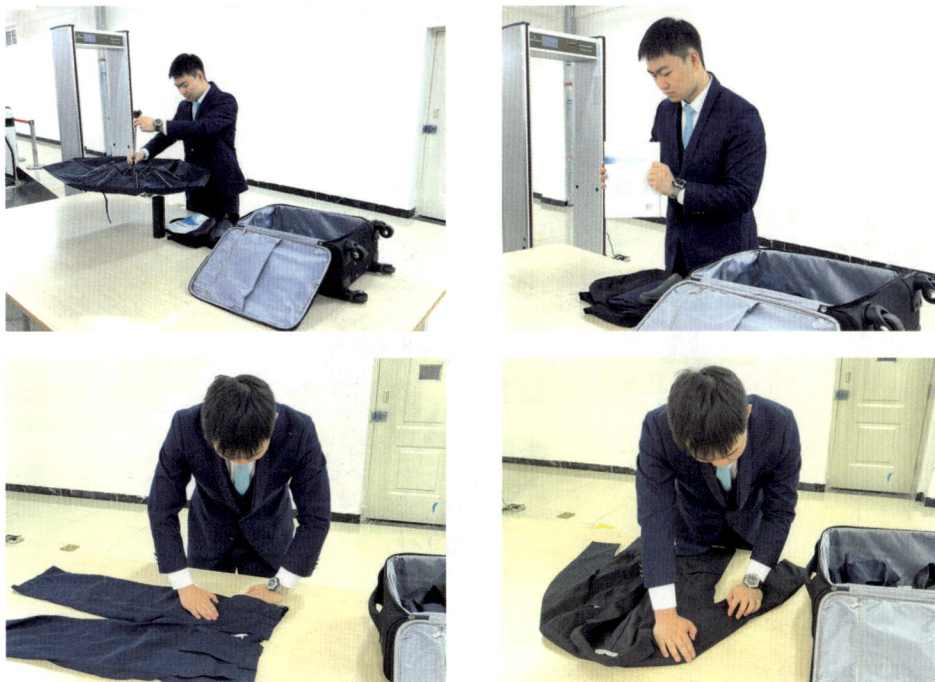

图6-5 检查箱包内物品

（4）善后处理。检查后如有问题应及时报告领导，或交公安机关处理。没有发现问题的应协助旅客将物品放回箱包内，对其合作表示感谢（图6-6）。

图6-6 善后处理

二、开箱包检查员的具体操作

（1）开箱包检查员站立在X射线安全检查仪行李传送带出口处疏导箱包，避免受检箱包被挤压。

（2）当有箱包需要开检时，开机员给开箱包检查员以语言提示，待物主到达前，开箱包检查员控制需开检的箱包，物主到达后，开箱包检查员请物主自行打开箱包，对箱包实施检查（如箱包内疑有枪支、爆炸物等危险品，需由开箱包检查员控制箱包，并做到人物分离）。

（3）进行开箱包检查时，开启的箱包应侧对物主，使其能通视自己的物品。

（4）根据开机员的提示对箱包进行有针对性的检查。已查和未查的物品要分开，要整齐有序地放置。检查箱包的外层时应注意检查其外部小口袋及有拉链的外夹层；检查箱包的内层和夹层时应用手沿包的各个侧面上下摸查，将所有的夹层、底层和内层小口袋完整、认真地检查一遍（图6-7）。

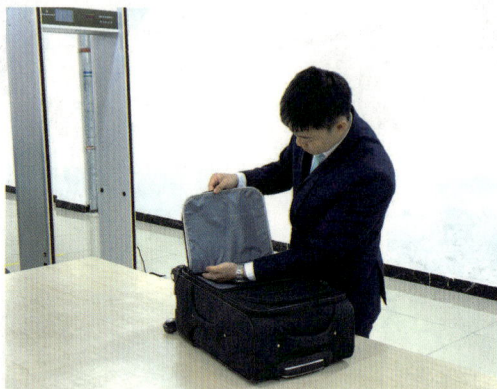

图6-7　开箱包检查员的操作

（5）检查过程中，开箱包检查员应根据物品种类采取相应的方法（看、听、摸、拆、捏、掂、嗅、探、摇）进行检查。

（6）开箱包检查员将检查出的物品请开机员复核：①若属安全物品则交还旅客本人或将物品放回旅客箱包中，协助旅客将箱包恢复原状。而后通过X射线安全检查仪对箱包进行复检。②若为违禁品则交受理台处理。

（7）若受检人员申明携带的物品不宜接受公开开箱包检查，开箱包检查员应交值班领导处理。

（8）遇有受检人员携带胶片、计算机软盘等不愿接受X射线安全检查仪检查时，应进行手工检查。

三、开箱包检查的方法

一般是通过人的眼、耳、鼻、手等感官进行检查，根据不同的物品采取相应的检查方法。主要有以下几种常用方法：看、听、摸、掂、捏、嗅、探、摇、敲、拆、开等。

看：对物品的外表进行观察，看是否有异常，包袋是否有变动等。

听：对录音机、收音机等音响器材通过听的方法，判断其是否正常，此法也可以用于对被怀疑有定时爆炸装置的物品进行检查。

摸：就是用手摸，来判断是否藏有异常或危险物品。

掂：对被检查物品用手掂其重量，判断其与正常物品是否相符，从而确定是否进一步进行检查。

捏：对软包装且体积较小的物品，如洗发液、香烟等，用捏的方法来判断有无异物。

嗅：对被怀疑的物品，主要是爆炸物、化工挥发性物品，通过用鼻子闻，判断物品的性质。基本动作应注意使用"扇闻"的方法（图6-8）。

图6-8 嗅的方法

探：对可疑的物品如花盆、盛有物品的坛、罐等，如无法透视，也不能用探测器检查，可用探针进行探查，判断有无异物。

摇：对有疑问的物品，如用容器盛装的液体，佛像及香炉等中间可能是空心的物品，可以用摇晃的方法进行检查。

敲：对某些不易打开的物品如拐杖、石膏等，用手敲击，听其发音是否正常。

拆：对可疑的物品，拆开其包装或外壳，检查其内部有无藏匿危险物品。

开：通过开启、关闭开关，检查手机等电器是否正常。

以上方法应结合使用，以便能更准确、快速地进行检查。

知识补充

毒品的分类

分类方法	类别	特性	代表性毒品
毒品来源	天然毒品	直接从毒品原植物中提取的毒品	鸦片
	半合成毒品	天然毒品与化学物质合成	海洛因
	合成毒品	完全用有机合成的方法制造	冰毒
毒品对人中枢神经作用	抑制性	能抑制中枢神经系统，具有镇静放松作用	鸦片
	兴奋性	能刺激中枢神经系统，使人兴奋	苯丙胺类
	致幻性	能使人产生幻觉	麦司卡林
毒品自然属性	麻醉药品	指对中枢神经有麻醉作用，连续使用易产生生理依赖性的药品	鸦片类
	精神药品	直接作用于中枢神经系统，使人兴奋或抑制，连续使用能产生依赖性的药品	苯丙胺类
毒品流行的时间顺序	传统药品	流行较早的毒品	鸦片、海洛因
	新型药品	相对传统毒品而言	冰毒、摇头丸

· 效果检测 ·

1. 请简述开箱包的检查程序。

2. 对无法判明其性质的物品该如何操作？

任务检测表

评价内容	分值	评分	备注
箱包的检查程序	20		
开箱包检查员的操作程序	40		
开箱包检查的方法	40		

任务三
学习物品检查方法

· 任务描述 ·

某机场安检查处旅客藏匿管制刀具事件

2012年6月6日下午2时，检查员在对旅客进行检查时，发现一名男性旅客的外套内有大量火石和瑞士军刀。该旅客在待检时神情慌张，表情十分不自然。这一可疑情况立即引起检查员的高度警觉，并对该旅客进行从严检查，在检查至旅客双腿处时，检查员在其脚踝处各查获管制刀具一把。随后，检查员立即启动应急预案，控制该旅客及其所携带的物品，并及时移交机场公安机关做进一步处理。

不同类型的旅客所携带的行李物品各有特点，安检员掌握行李物品的检查方法有助于维护空防安全，提高安检工作的质量；有助于掌握旅客心理，提高服务质量；有助于正确地了解自己，提高自身的心理素质。

· 学习任务单 ·

任务目标	知识目标	1. 了解开箱包检查的重点对象； 2. 掌握开箱包检查的要求及注意事项； 3. 了解常见物品的检查方法。
	能力目标	1. 能够判断哪些物品需要进行开箱包检查； 2. 能够根据不同物品的特点采取合适的检查方法； 3. 能够正确处理危险物品。
	素养目标	1. 培养对旅客安全的责任感和关注度； 2. 理解和尊重安检工作； 3. 增强沟通能力和团队协作精神。
思政融入		1. 树立集体荣誉感，培养爱国主义情怀； 2. 培养安全责任感，提高自身心理素质。
学习时数		建议学习时间为2~4学时，可以根据实际需要进行调整。
学习建议		1. 了解安全检查的基本要求和重点对象，包括对物品的分类、图像识别、危险物品的识别等； 2. 掌握开箱包检查的要求及注意事项，包括检查流程、安全措施等； 3. 熟悉常见物品的检查方法，包括仪器、仪表、容器、文物、液体、衣物、皮带、书籍、笔、雨伞、手杖、玩具等； 4. 培养观察力和判断力，提高对危险物品的敏感度和识别能力。
学习运用		1. 模拟安全检查场景，进行实物演示和讲解，包括各种物品的检查方法和注意事项； 2. 展示真实案例，分析案例中涉及的安全问题和解决方法； 3. 进行小组讨论和角色扮演，模拟旅客和安检员的互动场景，提高沟通能力和应对突发情况的能力； 4. 亲自动手进行开箱包检查和物品识别，加深对知识的理解和记忆； 5. 通过参加知识竞赛，检验学习成果和知识储备，提高学习效果。
学习反思		

· 情境问题 ·

　　乘坐民航班机不能带火种的原因是什么？如果你是一名安检员，你会怎么处理旅客携带火种的行为呢？

参考答案：

打火机属于易燃易爆物品，携带打火机可能导致飞行上出现明火，机舱出现火灾甚至爆炸，危及公众安全。作为民航安全检查员，要对旅客及其行李进行严格的安全检查，防止火种类物品进入航空器。根据民航相关规定，乘坐民航班机的中外籍旅客禁止随身携带或者托运火种类物品，故意藏匿火种类物品将受到法律严惩。

· 知识准备 ·

一、开箱包检查的重点对象（重点物品）

（1）用X射线安全检查仪进行检查时，图像模糊不清，无法判断物品性质的。

（2）用X射线安全检查仪进行检查时，发现似有电池、导线、钟表，粉末状、液体状、枪弹状物及其他可疑物品的。

（3）X射线安全检查仪图像中显示有容器、仪表、瓷器等物品的。

（4）照相机、收音机、录音录像机及电子计算机等电器。

（5）旅客特别小心或时刻不离身的物品。

（6）旅客携带的物品与其职业、事由和季节不相适应的。

（7）旅客声称是帮他人携带或来历不明的物品。

（8）旅客声明不能用X射线安全检查仪检查的物品。

（9）现场表现异常的旅客或群众揭发的嫌疑分子所携带的物品。

（10）公安部门通报的嫌疑分子或被列入查控人员所携带的物品。

（11）旅客携带的密码箱包进入检查区域发生报警的。

二、开箱包检查的要求及注意事项

（1）开箱包检查时，物主必须在场，并请物主将箱包打开。

（2）检查时要认真细心，特别要注意重点部位，如箱包的底部、角部、外侧小兜，并注意有无夹层。

（3）对没有进行托运行李流程改造的要加强监控措施，防止已查验的行李箱包与未经查验的行李箱包调换或夹塞违禁（危险）物品。

（4）对旅客的物品要轻拿轻放，如有损坏，应照价赔偿。检查完毕，应尽量按原样放好。

（5）开箱包检查发现违禁物品时，应采取措施控制携带者，防止其逃离现场，并将箱包重新经X射线安全检查仪进行检查，以查清是否藏有其他危险物品，必要时将其带入检查室彻底清查。

（6）若旅客申明所携带物品不宜接受公开检查时，安检部门可根据实际情况，避免在公开场合检查。

（7）对开箱包的行李必须再次经过X射线安全检查仪进行检查。

三、常见物品的检查方法

（一）仪器、仪表的检查方法

对仪器、仪表通常使用民航行李安检设备进行检查。如民航行李安检设备透视不清，可用看、掂、探、拆等方法检查。看仪器、仪表的外表螺丝是否有被动过的痕迹；对家用电表、水表等可掂其重量来判断；对特别可疑的仪器、仪表可以拆开检查，看里面是否藏有民航禁限运输物品。

仪器、仪表一般由金属或塑料材质制成，其图像成像基本与实物外观类似，图像轮廓明显且颜色较深，可通过结构、外观特征、内部金属特征识别，如电路、螺丝焊点等。

（二）各种容器的检查方法

对容器进行检查时，可先取出容器内物品，然后采取敲击、测量、听的方法检查。敲击时，听其发出的声音，分辨有无夹层，并测出容器的外高与内深，外径与内径的比差是否相符。如容器内的物品不能取出，则可采用探针检查或爆炸物探测检查。容器外观形状、材质用途种类繁多，其图像也多种多样，金属材质图像多呈蓝色，玻璃材质的主要成分为硅酸盐，图像应为绿色，但因内容物不同，颜色会根据瓶体的结构发生变化。

（三）各种文物、工艺品的检查方法

对各种文物、工艺品进行检查，一般可采用摇晃、敲击等方法。摇晃或敲击时听其有无杂音或异物晃动声。

文物、工艺品与容器类似，其外观形状、材质、用途种类繁多，其图像也多种多样，颜色因其具体材质而定。

（四）液体的检查方法

对液体检查一般可采用看、摇、嗅及液态物品检测仪检测等方法进行。看容器瓶子是否为原始包装封口；摇液体有无泡沫（易燃液体经摇动一般产生泡沫且泡沫消失快）；嗅闻液体气味是否异常（酒的气味香浓，汽油、酒精、香蕉水的刺激性大），但要注意安全。

因承载液体的容器不同，其图像形状也不尽相同。液态物质一般图像颜色呈橙色。

（五）整条香烟的检查方法

整条香烟、烟盒和其他烟叶容器一般都是轻质物品，检查时应观察其包装是否有被重新包装的痕迹；掂其重量（每条香烟重量约为 300 g）是否正常；对可疑的要打开包装检查。

整条香烟图像呈橙色长条盒状，使用图像加暗键，可见到单根香烟形状。

（六）书籍的检查方法

书籍容易被人忽视，厚的书或者捆绑在一起的书可能被挖空，暗藏民航禁限运输物品。安检员通过初

步检查，判断书内未藏匿爆炸物品后，可将书打开翻阅，检查书中是否藏匿其他民航禁限运输物品。

一般书籍使用构成元素原子序数小于10的纸张制作，垂直视角图像呈浅橙色，水平视角因角度问题，厚度增加，图像颜色变深。有些杂志、书籍使用轻涂纸或铜版纸制作，图像多为绿色。

（七）衣物的检查方法

衣服的衣领、垫肩、袖口、兜部、裤腿等部位容易暗藏民航禁限运输物品。因此在安全检查中，对旅客携带的可疑衣物要用摸、捏、掂等方式进行检查。对冬装及皮衣、皮裤，应检查其是否有夹层，捏其是否暗藏异常物品，对可能暗藏软质的爆炸物品的衣领处，掂其重量确认是否正常。对衣物检查时应用手掌进行摸、按、压。因为手掌的接触面积大且敏感，容易查出藏匿在衣物内的物品。

衣物一般由棉、麻、丝等材料制成，图像颜色呈橙色，其衣物上的金属拉链、金属扣等金属制品呈蓝色或绿色。

（八）笔记本电脑的检查方法

对笔记本电脑进行检查时，应观察其外观有无异常；掂其重量是否正常；可请旅客将笔记本电脑启动，查看能否正常工作；同时检查其配套设备（鼠标、稳压器等）。

笔记本电脑垂直视角图像可见蓝色电池，绿色电路、电板等，同时有圆形橙色的光驱部分，水平视角图像颜色大部分呈黑色，可通过形状、电源部分的特征识别；电源适配器垂直视角图像可见蓝色线圈、绿色电路等，水平视角图像颜色大部分呈黑色，可通过形状、蓝色电线、黑色线圈的部分特征识别；有线鼠标图像颜色较浅，可见蓝色电线、绿色电板、绿色铆钉等，无线鼠标图像颜色较深，可见蓝色电池、蓝色电板等；移动硬盘垂直视角图像可见蓝色水磁铁、蓝色主轴、绿色电路、绿色电板等，水平视角图像颜色大部分呈黑色，可通过形状、黑色水磁铁、黑色主轴、蓝色电板的部分特征识别。

（九）口红、香水等化妆品的检查方法

口红等化妆品易被改成微型发射器，可通过掂其重量或打开进行检查。

部分香水的外部结构与催泪喷射器类似，在检查时应观看瓶体说明并请旅客试用。

香水图像多为绿色瓶状物或黄色圆柱形瓶体，内有橙色液体，瓶口中心有绿色或橙色喷嘴；口红图像有圆柱形或长方形等多种形状，可见底部的蓝色圆环，使用图像加亮键可见内部橙色或绿色唇膏。

（十）皮带（女士束腰带）的检查方法

对皮带（女士束腰带）进行检查时，应观察边缘缝合处有无再加工的痕迹，摸带圈内是否有夹层。

皮带一般由皮带扣与皮带组成。皮带扣多为金属，其图像呈不规则形状。皮带多为皮质或棉、麻材质，其图像呈橙色条状、带状；女子束腰或腰托垂直视角图像多为宽体，内有金属条支撑且有铆钉固定，垂直视角图像呈多根蓝色条状，蓝色铆钉之间有橙、黄色布状图像连接，水平视角图像多为黑色线状、黑色点状铆钉。

（十一）手机的检查方法

对手机进行检查时，应观察其外观有无异常；掂其重量是否正常；打开电池盒盖检查是否藏匿物品；开启、关闭开关，辨别手机是否正常工作。

手机型号多样，垂直视角图像可见蓝色电池、蓝色电板、蓝色CPU等，水平视角图像颜色大部分呈黑色块状。

（十二）笔的检查方法

对笔进行检查时，应观察笔的外观有无异常；掂其重量是否正常；通过初步检查判断笔未被改装成笔枪或笔式爆炸物后，可按下开关或打开查看其是否被改装成笔刀。

笔一般使用塑料、树脂等制作，以长管形居多。X射线安全检查仪图像多为橙色管状或蓝色管状，加亮可见内部笔芯。一些笔因使用密度比较大的金属制作或制作工艺较复杂，图像呈黑色。

（十三）食品的检查方法

对罐装、袋装食品的检查，掂其重量判断是否与罐体、袋体所标注重量相符。观察其封口处是否有被重新包装的痕迹。

食品种类不同，其图像也不尽相同，但绝大部分呈橙色。内部含有小包装干燥剂的罐装、袋装食品，会呈现出绿色颗粒状图像。

（十四）伞的检查方法

伞的结构很特殊，其伞骨、伞柄容易藏匿民航禁限运输物品。对伞进行检查时，可采用捏、摸、掂、打开的方法进行检查，要特别注意对折叠伞的检查。

伞的骨架一般由金属制作而成，图像呈蓝色线状，其中手持支撑部分颜色较深且图像呈长圆柱形，伞面多由塑料、布等材料制作，图像呈橙色。

（十五）手杖的检查方法

对手杖进行检查时，应敲击手杖，听其发声是否正常，认真检查是否被改成拐杖刀或拐杖枪。

木质拐杖，图像呈橙色。登山杖多为金属，图像呈蓝、绿色管状，加亮可见内部弹簧。

（十六）小电器的检查方法

诸如电吹风机、电动卷发器、电动剃须刀等小型电器可通过观察外观、开启电池盒盖、现场操作的方法进行检查。

电吹风机垂直视角图像可见吹风机形状，其内部有黑色电动机、蓝色电路、蓝色电线等；水平视角图像可通过形状、黑色电动机、蓝色电板的部分特征识别。电动卷发器垂直视角图像形状明显，有黑色条状（镀金材质）、蓝色压板、绿色电路；水平视角图像可通过形状、黑色条状、蓝色压板、绿色电路的部分特征识别。电动剃须刀外形一般为长方体或圆柱体，尺寸有大有小，外壳多由塑料制成，垂直视角图像可看到蓝色电池、黑色电动机及蓝色刀头；水平视角图像可通过黑色电动机或蓝色刀头识别，其余位置部分图像以绿色为主。

（十七）摄像机、照相机等电子产品、设备的检查方法

摄像机、照相机等电子产品、设备通常使用民航行李安检设备进行检查，其图像有疑点的，可要求旅客进行操作演示，操作演示与常规操作不符或与同类型电子产品重量不符的，应进一步检查确认。

对摄像机进行检查时，应观察其外观有无异常，有无可疑部件，有无拆卸过的痕迹；重点检查带匣、电池盒（外置电源）、取景窗等部分是否正常。对照相机进行检查时，可以掂其重量来判断是否正常；若机内没有胶卷，可以在征得旅客同意的情况下打开检查。

单反照相机、DV 摄像机、拍立得均为高密度、高科技电子产品，X 射线安全检查仪图像可见内部黑色镜片、绿色电路、绿色电板，拍立得特有的黑色转轴。

（十八）收音机的检查方法

对收音机进行检查时，应观察其外观有无异常；打开电池盒盖，抽出接收天线，查看其是否藏匿有民航禁限运输物品；必要时，打开外壳检查内部。收音机具有喇叭、天线等结构，使用图像加亮键，可见呈蓝色金属圈状物的外放喇叭和蓝色金属管的天线。

（十九）粉末状物品的检查方法

粉末状物品性质不易确定，应取少量粉末状物品进行爆炸物探测检查，以确保物品的安全性。

因粉末状物品容器的材质不同，其图像会呈现出蓝色、绿色、橙色等多种颜色，粉末状物品会呈现颗粒状。

（二十）玩具的检查方法

小朋友携带的玩具也有可能暗藏民航禁限运输物品。对毛绒玩具检查时，通常要观察其外观有无异常，用手摸查有无异物；对电动玩具检查时，可通电或打开电池开关进行检查；对有遥控设施的玩具检查时，观察其表面是否有动过的痕迹，摇晃是否有不正常的声音，掂其重量是否正常，拆开遥控器检查电池，检查是否暗藏民航禁限运输物品。

玩具材质、形状多种多样，其图像成像基本与实物外观类似。毛绒玩具图像多呈橙色。电子类玩具图像可通过结构、外观特征、内部金属特征识别，如电路、螺丝焊点、电池等。

（二十一）乐器的检查方法

乐器都有发音装置。对弦乐器可采用拨（按）、听、看的方法，听其能否正常发音；对管乐器可请旅客现场演示。

乐器的形状、材质、演奏方式不同，其图像也多种多样，可通过图像的形状、颜色判断乐器的材质与演奏方式。

（二十二）鞋的检查方法

采用看、摸、捏、掂等检查方法来判断鞋中是否藏有民航禁限运输物品。看，即观察鞋的外表与鞋的内层；摸，即用手的触感来检查鞋的内边缘等较为隐蔽之处是否正常；捏，即通过用手挤压来感觉判断；掂，即掂鞋的重量与正常是否相符（图6-9）。

男士鞋的垂直视角图像可见内部条状蓝色鞋衬。从箱包的垂直视角图像可见女士高跟鞋的线状黑色鞋衬、条状蓝色鞋衬、黑色鞋跟；从箱包的水平视角图像可见女士高跟鞋的蓝色或黑色鞋跟。

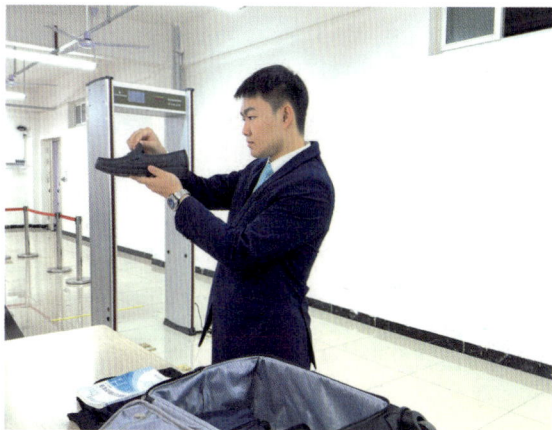

图6-9 掂鞋的重量

（二十三）神龛、神像、骨灰盒等特殊物品的检查方法

对旅客携带的神龛、神像等特殊物品，使用民航行李安检设备进行检查，发现有异常物品时，可征得旅客同意后进行手工检查；在旅客不愿意通过民航行李安检设备检查时，可采用手工检查或爆炸物探测检查。

旅客携带骨灰盒乘机的，骨灰盒及其内容物原则上应通过民航行李安检设备检查，对于X射线无法穿透的，应当要求旅客出具火化证明或死亡证明等证明材料并安排爆炸物探测检查。必要时，可在非公开场合开箱检查确认。尸骸、骨骼等物品不得作为行李物品运输。

知识补充

香蕉水

香蕉水（Banana Oil）又名天那水（Thinner），是无色透明易挥发的液体，有较浓的香蕉气味，微溶于水，能溶于各种有机溶剂，易燃，主要用作喷漆的溶剂和稀释剂（图6-10）。许多化工产品、涂料、黏合剂的生产要用香蕉水做溶剂。香蕉水的蒸气与空气可形成爆炸性混合物，遇明火、高热能燃烧爆炸，与氧化剂可发生反应。流速过快，容易产生和积聚静电。其蒸气比空气重，能在较低处扩散到相当远的地方，遇火源回燃。若遇高热，容器内压增大，有开裂和爆炸的危险。

图6-10 香蕉水

典型案例

一名要乘飞机的旅客，在雨伞中夹带一把刀具，结果被机场安检人员查获。在实施检查时，X射线安全检查仪屏幕上一个手提袋影像引起了安检员的注意。这个手提袋中，除水果外还有一把雨伞，而雨伞的伞骨处似夹有异物。安检员随即示意开包员锁定目标进行开包检查。安检员请这名旅

客取出雨伞并打开，随后一把银白色、刃长8cm左右的水果刀掉落在检查台上，安检员随即将此人和刀具一并移送机场公安机关处理。

· 效果检测 ·

1. 简述开箱包检查的要求及注意事项。

2. 电子设备的检查方法有哪些？

任务检测表

检测内容	分值	评分	备注
注意事项	20		
十种常见物品检查方法	50		
操作规范有序	30		

任务四
情况处置（移交、暂存）

· 任务描述 ·

首都机场宣布推出安检物品暂存小程序

首都机场在国内率先推出了一款官方微信小程序——"首都机场安检暂存"，为旅客出行再添便捷工具。首都机场安检暂存小程序首先在1、2号航站楼推出。旅客在安检柜台办理暂存手续约半天后，可在微信中搜索"首都机场安检暂存"小程序进行存单绑定。旅客绑定存单后可随时进行查询暂存期限、预约领取时间、延长领取期限等操作，领取时也只需出示小程序中物品对应的二维码和身份证件，这避免了很多纸质单据不易保管而导致的领取困难，也为旅客办理相关手续提供了便利。

通过本任务学习，我们能够掌握办理暂存、移交的程序和可以办理暂存、移交物品的范围，能够正确填写暂存、移交物品单据。

任务目标	知识目标	理解移交和暂存的定义和操作流程。
	能力目标	掌握移交和暂存物品的处理方式。
	素养目标	了解安检过程中发现物品的处理方法。
思政融入	1. 通过学习，培养对安检工作的专业素养，了解安检工作的规范和流程； 2. 通过学习，了解国家法律法规对禁止携带物品的规定，增强法律意识； 3. 通过学习，了解职业道德在安检工作中的重要性，树立正确的职业道德观念。	
学习时数	建议学习时间为2学时，可以根据实际需要进行调整。	
学习建议	1. 根据自身情况，制订合理的学习计划，安排每天的学习时间； 2. 在掌握理论知识的基础上，可以尝试进行模拟操作，熟悉移交和暂存的流程。	
学习运用	1. 通过分析实际案例，了解安检过程中遇到的问题和处理方法； 2. 在学习过程中及时总结反思，发现自己的不足，并及时改进。	
学习反思		

·知识准备·

一、基础知识

（一）移交的定义

移交是指安检部门在安全检查工作中将遇到的问题按规定移交给各有关部门，大体分为移交公安机关、移交其他有关部门和移交机组三种。

1. 移交公安机关

安检中发现武器、弹药、管制刀具以及假冒证件等，应当连人带物移交所属民航机场公安机关进行审查处理，移交时，应填写移交清单并签字，注意字迹清晰，不要漏项。

2. 移交其他有关部门

对在安检中发现的被认为是走私的黄金、文物、毒品、淫秽物品、伪钞等，应连人带物移交有关部门进行审查处理。

3. 移交机组

旅客携带《民航旅客限制随身携带或托运物品目录》所列物品且来不及办理托运时，检查员应按规定或根据航空公司的要求为旅客办理手续后移交机组带到目的地后交还。

（二）暂存的定义

对于禁止随身携带但可以作为行李托运的物品和限制随身携带物品的超量部分，在旅客来不及办理托运手续，本人又不便于自行处理且适合办理暂存的情况下，根据旅客要求，可予以定期暂存。

二、基本操作

（一）办理暂存、移交的程序

当检查员将旅客及其物品带至移交台后，移交员根据相关规定为旅客不能随身带上飞机的物品办理暂存、移交手续。暂存、移交物品的范围及处理情况包括以下几方面。

1. 禁止旅客随身携带或者托运的物品

（1）勤务中查获的禁止旅客随身携带或托运的物品，如枪支、弹药、军警械具类、管制刀具、易燃易爆物品、毒害品、腐蚀性物品、放射性物品、其他危害飞行安全的物品等国家法律法规禁止携带的物品需移交机场公安机关处理，并做违禁物品登记。

（2）对于旅客携带的少量医用酒精，移交员可请旅客将酒精交给送行人带回或自行处理。如果旅客提出放弃，移交员将该物品归入旅客自弃物品回收箱（筐）中。

2. 禁止旅客随身携带但可作为行李托运的物品

（1）勤务中查获的禁止旅客随身携带但可作为行李托运的物品，如水果刀、剪刀、剃须刀等生活用刀，手术刀、雕刻刀等专业刀具，剑、戟等文艺表演用具，斧、凿、锥、加重或有尖的手杖等危害航空安全的锐器、钝器等，移交员应告知旅客可作为行李托运或交给送行人员，如果来不及办理托运，可为其办理暂存手续。办理暂存手续时，移交员要向旅客告知暂存期限为30日，如果超过30日无人认领，将不再为其保存。

（2）填写暂存物品登记表。

（3）国际航班的移交员还可根据航空公司的要求为旅客办理移交机组手续，填写换取物品单据，并告知旅客下飞机时凭此单据向机组索要物品。

（4）如果旅客提出放弃该物品，移交员将该物品放入旅客自弃物品回收箱（筐）中。

3. 旅客限量随身携带的生活用品

（1）勤务中查获的需限量随身携带的生活用品，如摩丝、香水、杀虫剂、空气清新剂等，移交员可请旅客将超量部分交给送行人员带回或自行处理。打火机、火柴等随身点火装置禁止携带。对于携带的酒类物品，移交员可建议旅客交送行人员带回、办理托运或捐献。

（2）如果旅客提出放弃，移交员将该物品归入旅客自弃物品回收箱（筐）中。

4. 勤务中查获的毒品、文物、国家保护动物、走私物品等

移交机场公安机关处理。对于国际（地区）出港航班旅客，应交海关或检疫部门进行处理。

5. 旅客（工作人员）丢失的物品

（1）由捡拾人与移交员共同对捡拾物品进行清点、登记。

（2）捡拾物品在当日未被旅客取走的上交机场派出所失物招领处，并取回公安机关开具的回执。

6. 每天在勤务结束后对相关物品的处理

移交员将暂存物品、旅客自弃物品及暂存物品登记表上交值班员兼信息统计员。

7. 值班员兼信息统计员应做的工作

（1）对移交员上交的暂存物品进行清点、签收，并保留暂存物品登记表。

（2）值班员兼信息统计员还要负责将暂存物品按日期分类，分别放置在相应的柜层中，以备以后旅客提取暂存物品时方便查找。

（3）对旅客自弃物品进行收存。

8. 暂存物品的领取及处理

（1）旅客凭"暂存物品收据"联在30日内领取暂存物品。物品保管员根据"暂存物品收据"上的日期、序列号找到旅客的暂存物品，经确认无误后返还领取人，同时，物品保管员将旅客手中的"暂存物品收据"联收回。

（2）对于30日内无人认领的暂存物品将其统一收存，再延长7日存放期，7日后若仍无人认领则视同无人认领物品并上交。对于已经返还的暂存物品，则在暂存物品登记表上注销，并将登记表同无人认领物品一并上交。

（3）旅客自弃的物品定期进行回收处理。

知识补充

2008年12月，中国民用航空局下发了相关规定，具体如下：

一、严禁旅客在托运行李中夹带打火机、火柴。

旅客可随身携带一只打火机（防风式打火机除外）或一盒火柴乘机。经过安检时，旅客应主动将打火机、火柴交由安检员单独检查。

二、乘坐国际、地区航班的旅客，携带液态物品仍执行中国民用航空总局2007年3月17日发布的《关于限制携带液态物品乘坐民航飞机的公告》的有关规定。

三、乘坐国内航班的旅客经过安检时，可随身携带单件容器容积不超过100毫升、总量不超过1000毫升的液态物品，但属于民航法规禁止旅客随身携带的易燃易爆液态物品除外。

酒类物品不可随身携带，但可作为托运行李交运。酒精度24度以下（含24度）的酒类物品，交

运数量不受限制；酒精度在24度（不含24度）至70度（含70度）间的，交运总量不得超过5升；酒精度在70度（不含70度）以上的不得办理交运。酒类物品的包装应符合民航运输有关规定。

四、糖尿病或其他疾病患者，可携带乘机旅途必需的液态药品，但需出示有本人名字的医院证明或者医生处方；有婴儿随行的旅客携带的液态乳制品，经安全检查确认无疑后，准予携带乘机。

五、旅客因违反上述规定造成误机等后果的，责任自负。

（二）暂存、移交物品单据的填写和使用

1. 暂存物品单据的填写和使用

暂存物品是指不能由乘机旅客自己随身携带，旅客本人又不便于处置的物品。暂存物品单据是指具备物主姓名、证件号码、物品名称、标记、数量、新旧程度、存放期限、经办人和物主签名等项目的一式三联的单据。

在开具单据时必须按照单据所规定的项目逐项填写，不得漏项，一式三联，第一联留存，第二联交给旅客，第三联贴于暂存物品上以便旅客领取。安检部门收存的暂存物品应设专人专柜妥善保管，不得丢失。

暂存单据有效期限一般为30日，逾期未领者，视为自动放弃物品，由安检部门酌情处理。

知识补充

<table>
<tr><td colspan="3" align="center">暂存物品凭单
Deposit Receipt</td><td>BYG-QR-E-05-003</td></tr>
<tr><td colspan="2">N00013692</td><td colspan="2">填单日期 Date:　　年(YY)　月(MM)　日(DD)</td></tr>
<tr><td align="center">物主姓名
Passenger Name</td><td></td><td align="center">联系电话
Phone Number</td><td></td></tr>
<tr><td align="center">物品名称</td><td align="center" colspan="2">数量</td><td align="center">特征</td></tr>
<tr><td></td><td colspan="2"></td><td></td></tr>
<tr><td></td><td colspan="2"></td><td></td></tr>
<tr><td></td><td colspan="2"></td><td></td></tr>
<tr><td colspan="4">物品保管期限:30天。从____年____月____日至____年____月___日，详细说明请见背页。
Storage period:30 Days. From ____/____/____to____/____/____, (YY/MM/DD).
我已经阅读并同意背页的条款。
I have read and agreed to the items and conditions on the reverse.

　　　　　　　　　物主签名确认:
　　　　　　　　　Owner's signature</td></tr>
<tr><td colspan="4">经办单位：（　　　）安检队　　　　　　　经手人：
Agency（　　　）Security Team　　　　　Agent</td></tr>
</table>

2. 移交物品单据的填写和使用

移交单据是指具有旅客姓名、证件号码、乘机航班、乘机日期、起飞时间、旅客座位号、始发地、目的地、物品名称、数量、经办人、接收人等项目的一式三联的单据。安检部门在检查工作中遇有问题移交时，需要填写三联单，让接收人签名后，将第一联留存，第二联交给旅客，第三联交给接收人。移交单据应妥善保管，以便查询和管理。

对旅客遗留的物品，要登记清楚钱、物的数量，型号，日期，交专人妥善保管，方便旅客认领。

对旅客自弃的物品，安检部门要统一造册，妥善保管，经上级领导批准后作出处理。

新 闻 小 视 角

昆明机场安检物品暂存业务小记

在昆明某机场，当旅客遗失物品和证件后，只要拨通安检站的现场咨询电话，工作人员就会以最快的速度协助旅客查找遗失的物品。这项业务自开展以来，受到了众多旅客的欢迎。目前，在昆明机场安检站工作人员的协助下，已有许多旅客从这里找回了自己遗失的物品，这项业务已成为昆明机场和旅客沟通、展示诚信形象的重要纽带。

物品暂存业务隶属于昆明机场安检站综合业务室，这是昆明机场安检站推出的一项特色服务。这项业务包括回答过检旅客的疑难问询；办理行业规定的"限制旅客随身携带但可以暂存于安检现场的限制性物品"的存放；保管旅客过检时遗失的物品、证件。长期以来，暂存班组员工始终坚持热心为旅客提供咨询服务，准确返还旅客暂存或丢失的物品、证件。暂存班组提出了"以良好信誉对待旅客，用诚信服务树立形象"的理念，设身处地为旅客排忧解难。对于旅客携带物品的过检咨询，暂存班组员工熟知安检相关法律法规，能够恰当地把握政策尺度，答复旅客的过检咨询，做到"一口清"，并保证了电话接通率100%，从而提高出行旅客的满意度。机场常出现旅客因急于赶飞机，而不得不将某些禁止携带的物品遗弃在安检现场的情况。暂存班组工作人员从旅客利益出发，热心为旅客提供暂存服务：旅客可以将不符合乘机要求但可以存放的物品进行暂存，待其从外地返回昆明时，只需凭有效证件和物品暂存单，在规定的时间里到暂存班组办公室领取即可，暂存期限为30天。对一些到昆明旅游的外地旅客，在不方便领取暂存物品的情况下，安检站暂存班组可以为其提供邮寄服务。

·效果检测·

1. 简述暂存和移交的使用情况。

2. 旅客办理移交、暂存有哪些步骤？

3. 移交部门大体可分为三种，分别是（　　）、（　　）、（　　）。

任务检测表

检测内容	分值	评分	备注
了解开箱包岗位的概念	10		
了解开箱包检查员的工作职责	30		
掌握开箱包岗位的工作流程	30		
对异常情况可以正确处置	10		
操作规范有序	20		

项目七 货邮安检

▪项目导入▪

在广袤的蓝天下，一架架飞机穿梭着，它们不仅承载着归家、探亲、旅游、商务的旅客，还承载着密密麻麻的货邮包裹。你是否想过，这些货邮在启程前都经历了怎样的筛查和检验？

货邮安检工作，看似只是简单地过一下安检仪，实则是涉及了高度的责任、技术和专业判断的重要工作。每一件货物，无论大小，都可能关乎到飞机的安全，甚至数百名旅客的生命。这不仅是一个技术问题，更是一个责任问题。作为未来的货邮安检员，你们将面对无数的挑战和选择，如何做到既快捷又准确、既细致又顾全大局，是每个学习者都必须深入思考的问题。

本项目将深入探讨货邮安检的知识和技能。我们希望，当你们阅读时，不仅仅是学习一种技能，更是培养一种责任感、敬业精神和细致入微的工作态度。每一页，都蕴藏着货邮安检的智慧和经验。现在，请跟随我们一同踏上这个充满知识和探索的旅程吧！

·项目导图·

货邮安检——了解货邮安全检查的工作准备及实施
——掌握普通货邮的安全检查方法

云学习

·学习初体验·

活动步骤：

1. 准备材料

（1）准备几个包裹或小箱子。

（2）在其中几个包裹内放入一些"违禁品"（如玩具手枪、空瓶、液体模型等），并确保学生不知道哪个包裹有违禁品。

（3）准备手持金属探测器、X射线安全检查仪模型或图片、手套等模拟工具。

2. 模拟安检流程

（1）大家排队，每个同学选择一个包裹进行检查。

（2）先使用手持金属探测器进行初步检查，再使用 X 射线安全检查仪模型进行内部检查。

（3）如果判断包裹中可能存在违禁品，则进行开箱检查。

3. 讨论与反思

（1）活动结束后，讨论哪些包裹真的含有违禁品，哪些是误判。

（2）分析误判的原因，并讨论如何提高准确性。

（3）分享在活动中的感受和体验，以及对货邮安检的新认识。

任务一
了解货邮安全检查的工作准备及实施

· 任务描述 ·

货邮安全检查是确保货物和邮件在运输过程中安全的重要环节。在进行货邮安全检查之前，需要进行充分的工作准备，安排好实施计划，同时这也是确保整个过程有效且符合法规的关键。

通过本任务的学习，我们可以了解货物安全检查是通过对货物的检查，确保货物中没有危险物品、违禁品等物品混入，保障航班的安全和货物的顺利运输的重要方式。

· 学习任务单 ·

任务目标	知识目标	1. 了解货邮安全检查的工作要求； 2. 掌握工作前准备工作的内容； 3. 了解货邮安全检查工作的基本程序； 4. 了解货邮安全检查工作的交接班手续。
	能力目标	1. 熟悉并理解国家和国际货邮安全检查的法规和标准，能够确保工作始终符合法规要求； 2. 培养识别各种潜在威胁和风险的能力，包括对可能存在的危险物品、爆炸物、非法物品等的识别能力。
	素养目标	1. 培养在面对紧急情况和高压力时能够保持冷静的能力，以更好地应对各种突发状况； 2. 培养对工作的责任心，保持高度的专业操守，确保安全检查过程的严肃性和可靠性； 3. 具备良好的客户服务态度，对货主、航空公司等相关方保持友好，提升整体服务水平。

续表

思政融入	1. 培养遵守法律法规的观念，将法治意识融入货邮安全检查的各个环节； 2. 深化对社会责任的认识，明白货邮安全检查对社会安全的重要性，从而在工作中能够以负责任的态度履行职责； 3. 提升对国家安全重要性的认知，认识到货邮安全与国家安全息息相关。
学习时数	建议学习时间为2~4学时，可以根据实际需要进行调整。
学习建议	1. 了解并熟悉国家和国际层面的法律法规和标准，包括航空安全、货物运输和邮件安全方面的相关法规，确保未来工作符合法规要求； 2. 在货物运输和邮件处理中心进行实地实习，亲身体验整个运输过程，了解货物和邮件在不同阶段的安全风险和应对方法； 3. 熟练使用货邮安全检查设备，如X射线安全检查仪、爆炸物检测仪等。
学习运用	1. 学习货邮安全检查操作技能，如使用X射线安全检查仪、手持金属探测器等设备。通过反复实践，熟练掌握这些设备的使用方法，提高操作技能； 2. 定期回顾所学知识，关注行业的最新发展，以确保自己的知识体系始终在更新； 3. 将理论知识与实际运用相结合，更好地应对货邮安全检查工作中的各种挑战，提高工作水平和专业素养。
学习反思	

· 知识准备 ·

一、货邮安全检查准备工作的实施

（1）安检员应按时到达工作现场，做好检查前的各项准备工作。安检员可按以下内容办理交接班手续：上级的文件、指示，勤务遇到的问题及处理情况，民航安检设备状态，勤务用品使用情况，勤务遗留问题及其他需要注意的事项。同时，安检员应做好交接班记录。

（2）当日安检勤务开始前，勤务部门应当清理民航安检工作现场。

（3）对X射线安全检查仪进行测试，测试通过后方可投入使用，如有异常应及时报告，严禁使用带病设备。

二、安检验讫标识

（1）安检验讫标识须单独编号、责任到人。如使用验讫章，验讫章不得带离工作现场，遇特殊情况需代理时，必须经部门值班领导批准。

（2）安检机构应当建立安检标识管理制度，规范安检验讫标识的制作、发放、使用、管理、保管等工作，防止安检验讫标识违规使用和管理失控。

（3）对经安全检查确认安全的航空货物、航空快件，应当在航空货运单、航空货物安检申报清单上加注安检验讫标识。

（4）使用的安检验讫标识应当能够被有效查验识别，通过使用安检验讫标识应能够有效区分已检和未检的货物、邮件。

三、货邮安全检查工作的基本程序

（1）安检设备操作员应先审核经收运部门检查后的运输凭证，先审单后过检。

（2）安检设备操作员结合申报信息对显示的图像进行技术判读和核查。

（3）安检设备操作员对有疑问，需要开箱检查或实施防爆检测的货物，应通知开箱员或防爆检查员实施检查。

（4）安检设备操作员对通过安全检查的货物，应加盖安检验讫标识后再放行。

四、货邮安全检查工作的要求

（1）核对安检申报清单信息，包括运单号、目的站、件数、品名、鉴定书编号等，信息必须与航空货运单一致。

（2）按规程操作仪器设备，仔细判读图像，排除是否含有违规运输危险品、违禁物品、管制器具和其他禁止寄递物品等。

（3）对属于《危险品航空安全运输技术细则》规定的危险品和非限制航空运输的危险品，货邮快件、安检设备操作员只对其物理形态进行符合性技术检查。其物理形态包括物理状态、颜色。

（4）实施开箱检查和防爆检查时，托运人或者销售代理人应当在场。

（5）对开箱排除疑点后，应当重新通过安检设备检查确认。

（6）对应当移交的物品，应留存运输资料和证据材料，报告公安机关处置，严禁退运处理。

（7）安检台账采用手工台账户信息系统记录，要求记录清晰、整齐，内容真实、完整，保留期限不少于90个自然日。

· 效果检测 ·

1. 安检员应按时到达工作现场，做好检查前的工作准备。那么安检员应按哪些内容办理交接班手续？

2. 使用X射线安全检查仪前要对其进行测试，如果测试不通过该如何处理？

3. 对经安全检查，确认安全的货物应在哪里加盖安检验讫标识？

4. 对开箱后已经排除疑点的货物，为何还要再次通过安检设备进行确认？

任务二
掌握普通货邮的安全检查方法

· 任务描述 ·

在某国际机场的货运中心，一批准备通过民航运输的货物吸引了安检员的注意。这批货物标注为普通货物，包括一些服装、鞋类商品和电子产品。在X射线安全检查仪扫描过程中，安检员发现一些异常。

X射线安全检查仪扫描：货物经过X射线安全检查仪扫描，显示出装有电子产品的箱子中存在异常的结构。这些箱子在X射线图像中呈现出非正常的密度和形状。

手工检查：针对X射线安全检查仪发现的异常区域，安检员决定进行手工检查。他们打开电子产品的包装，发现箱子内部夹带了大量的锂电池。

违禁品确认：进一步检查确认后，安检员发现这批货物中包含的锂电池数量超过了国际航空运输规定的限额，并且未按照相关法规进行申报，这违反了危险品运输的规定，属于违禁品。

应对措施：安检员立即通知航空公司、民航管理机构和有关执法部门，暂时扣留货物，对违规的锂电池进行合规处理，并且对违规行为进行检查。

· 学习任务单 ·

任务目标	知识目标	1. 了解普通货物检查的基础知识； 2. 了解普通货物检查的实施步骤。
	能力目标	1. 学会普通货物的检查方式； 2. 了解与普通货物检查相关的航空货物运输文件材料。
	素养目标	1. 培养对货邮安检工作的责任感，明白工作对社会、国家安全具有重要意义； 2. 培养对航空安全问题的关注和重视能力，增强对航空安全的责任感和使命感。
思政融入		1. 提高对国家安全的认识，培养爱国情感，理解货邮安检是保障国家安全的一项重要职责； 2. 强调法治观念，深刻理解和遵循货邮安检相关法规和法律，明确自己在法治社会中的责任和义务； 3. 强调货邮安检的目标是服务公众、保障公共利益，明白工作对整个社会都有着重要的积极影响。
学习时数		建议学习时间为2~4学时，可以根据实际需要进行调整。
学习建议		1. 货邮安检涉及众多的法规和规范，包括国家和国际层面的。要深入学习这些法规，了解安检的标准和程序，确保未来工作符合法律法规要求； 2. 学习并熟练掌握各种货邮安检技术，包括X射线安全检查仪扫描、金属探测、化学分析等。了解这些技术的原理和应用，提高对不同物品的辨识能力； 3. 通过实践加深对安检技术的理解； 4. 参与模拟训练，模拟真实场景，提高在应急情况下的处理能力。
学习运用		1. 学习如何识别和处理危险品，了解不同类型的危险品在安检过程中的特征，以及应对的操作程序； 2. 参与实际场景的模拟训练，通过模拟各种情境，提高处理紧急情况和应对问题的能力。
学习反思		

· 情境问题 ·

在货邮安检中，检查普通货物时可能会遇到各种情境问题。这些问题需要安检员灵活应对，同时确保货物的安全和合规性。以下是一些可能的情境问题及应对方法。

问题1：X射线安全检查仪扫描后显示货物有异常的形状或密度。

应对方法：进行手工检查，可能涉及打开包裹以进行更仔细的检查，同时注意保护货物的完整性。

问题2：X射线安全检查仪扫描后的图像不够清晰，难以确认货物内部情况。

应对方法：重新扫描货物，调整X射线安全检查仪参数，或者进行手工检查以确保对货物的全面了解。

问题3：通过犬类检查或其他手段发现货物散发异常气味。

应对方法：进一步调查，可能需要进行化学分析，确保没有潜在的危险或违禁物质。

问题4：货物的文件与实际内容不符。

应对方法：进行文件审核，与实际货物进行比对，确保文件真实准确，必要时进行进一步调查。

问题5：检查到一批货物的包裹异常，如包裹外观破损、封口不严等。

应对方法：进行详细的手工检查，确保货物未受到破坏。

·知识准备·

一、普通货物的安全检查

（1）航空货物的安全检查包括文件审核、设备检查、开箱包检查以及民航局规定的其他检查方式。

（2）航空货物通过民航货邮安检设备检查前，货邮快件安检设备操作员应当要求托运人或者航空货运销售代理人提供以下航空货物的运输文件资料：①经公共航空运输企业或者其他地面服务代理机构收运审核的航空货运单；②航空货物安检申报清单；③其他需要提供的证明。

（3）航空货物运输资料审核合规的，货邮快件安检设备操作员应当根据申报清单上的品名确定航空货物性质和规格，安排合适的民航货邮安检设备对航空货物进行检查，以能够产生最好的图像效果。民航货运安检设备对航空货物尺寸、重量等有特殊要求的，还应当满足设备要求。

（4）航空货物应当按照单元包装件单排，间隔码应放在民航货邮安检设备传送带上，逐一通过设备检查。间隔码放的间隔距离应当根据民航货邮安检设备及实际安检图像判读工作需要确定。

（5）对航空货物生成的图像，货邮快件安检设备操作员应当对照航空货物安检申报清单上的品名，进行技术判读和核查。遇有下列情形的，应当通知货邮快件开箱检查员进行开箱检查，并向货邮快件开箱检查员明确开箱检查的货物及开箱检查重点：①图像显示与申报不符的；②图像模糊不清，色线穿不透的；③是伪报、瞒报运输的危险品、违禁物品、管制器具的；④图像判读认为可疑，无法确定安全的。

（6）货邮快件开箱检查员接到开箱检查指令后，应当与货邮快件安检设备操作员进行指令复述确认，并对航空货物进行开箱检查，开箱检查结果应当与货邮快件安检设备操作员进行确认。对开箱检查后仍有疑点、需要实施防爆检查的，应当通知防爆检查员实施防爆检查。

（7）对于经过安全检查仍然无法确定货物性质或者无法确认安全的，民航安检员应当在航空货运单、航空货物安检申报清单加注退运标识，做退运处理，并留存航空货物安检申报清单。

二、货物安全检查的实施

（一）货物安全检查的人员和设备

货物安全检查需要专业的安检员和先进的安检设备，安检员需要经过培训和考核，设备需要定期维护和更新。

（二）货物安全检查的操作流程

货物安全检查的操作流程包括以下步骤：收集货物信息、核对货物信息、对货物进行物理检查、使用X射线安全检查仪或金属探测仪进行检查、填写检查记录、审核记录等。

（三）货物安全检查中的异常情况处理

在货物安全检查中，如果出现异常情况，如发现违禁品、危险物品等，需要进行进一步的处理，如通知机场管理部门、进行开箱检查等。

三、货物安全检查的注意事项

（一）严格遵守规定和流程

在进行货物安全检查时，必须严格遵守相关规定和流程，确保每一个环节都符合要求。

（二）注意细节和变化

在进行货物安全检查时，需要注意细节和变化，如货物的外观、包装、标签等，以及货物的来源和去向等。

（三）高危品和危险品的处理

在进行货物安全检查时，如果发现高危品和危险品，必须立即进行处理，如进行隔离、上报等，确保航班的安全。

知识补充

航空货物安检申报清单（示例）

航空货物性质：普通货物□　特种货物□　危险品□　航空快件□
承运航空公司：　　　　　　　航班号：　　　　　日期：
航空货运单号：　　　　　　　　　　航空货物托运人名称：
航空货运销售代理人名称：　　　　　航协资质编号：

货物品名	公斤	件数	目的地	运输条件鉴定书	航空公司同意运输证明

续表

货物品名	公斤	件数	目的地	运输条件鉴定书	航空公司同意运输证明

航空货物托运人声明：航空货物申报内容真实准确，与实际货物相符，愿承担一切因该货物产生的后果和法律责任。

航空货运销售代理人声明：已按照《中华人民共和国反恐怖主义法》规定查验托运人身份，并对航空货物进行安全检查或者开封验视，申报内容与实际货物相符，并对客户身份、物品信息进行登记，愿承担一切因该货物产生的后果和法律责任。

航空货物托运人签章		航空货运销售代理人签章	

以下由安检员填写。

托运人或航空货运销售代理人信用情况		安全检查开始时间		安全检查结论	
		安全检查结束时间			
安全检查通道	号	货邮快件安检设备操作员		开箱检查员	
安检勤务调度员		单据审核员			
已检货物抽检员		已检货物抽检情况			

航空邮件安检申报清单（示例）

航空邮件托运人名称：　　　　　　　　航空邮件邮包汇总单号：
承运航空公司：　　　航班号：　　　日期：

邮包编号	内含邮件品名	目的地

邮包编号	内含邮件品名	目的地

航空邮件托运人声明：已对航空邮件履行《中华人民共和国反恐怖主义法》规定的安全要求，航空邮件申报内容真实准确，与实际货物相符，不含有国家禁止寄递物品，且航空邮件邮包封口，包装完好且单个邮包包装重量不超过30公斤，愿承担一切因该货物产生的后果和法律责任。

  航空邮件托运人授权人员签字：

（加盖航空邮件托运人公章）

备注：品名如无法在清单体现，可采用附表形式或者电子表单，并作为申报清单的附件。

以下由安检员填写。

托运人信用情况		安全检查开始时间		安全检查结论	
		安全检查结束时间			
安全检查通道	号	货邮快件安检设备操作员		开箱检察员	
安检勤务调度员			单据审核员		
已检邮件抽检员			已检邮件抽检情况		

·效果检测·

1. 航空货物的安全检查包括哪些检查方式？

2. 遇到哪些情形时，应当通知货邮快件开箱员进行开箱检查？

3. 货邮快件开箱员进行开箱检查后，仍觉得货物有疑点，该如何做？

附 录

证件检查操作技能考核评分记录表

考件编号：　　　　姓名：　　　　准考证号：　　　　单位：

试题序号	考核内容	考核要点	配分	考核标准	时间	扣分	得分
1	查验机场控制区通行证件	能识别有效的机场控制区通行证件	12	根据考评员提供的证件样本，在4min内能正确叙述机场控制区通行证件的种类名称、使用范围及方法。 1. 未识别出错误，每题扣2分 2. 使用范围及方法叙述不正确每题扣2分			
2	核查有效乘机身份证件、登机凭证	能识别有效乘机身份证件、登机凭证	12	考生根据考评员提供的乘机手续，在4min内： 1. 未能正确说出旅客行程，每题扣1分。 2. 未能准确核查乘机身份证件、登机凭证上的相关内容并作出正确处理，每题扣2分。 3. 未正确叙述做出上述处理的原因，每题扣1分。			
3	证件检查相关工作程序、方法和制度	1. 正确叙述证件检查准备工作的实施内容。 2. 正确叙述证件检查的程序和方法及注意事项。 3. 正确叙述安全检查验讫章管理制度。 4. 正确叙述布控人员的查缉方法。	6	在4min内，未正确叙述相关内容，按关键点酌情扣分，直至扣完6分。			
成绩		配分：30			得分：		

否定项：该鉴定模块成绩未达到项目配分的60%者为不合格　□合格　　　　□不合格

评分人：　　　　　年　　月　　日

核分人：　　　　　年　　月　　日

人身检查操作技能考核评分记录表（试题一）

考件编号：　　　姓名：　　准考证号：　　　单位：

序号	考核内容	考核要点	考核标准	扣分
1	工作准备	报告考评员，XX考生前来考试	漏说扣1分	
		测试通过式金属探测门	1. 未测试或不会测试通过式金属探测门扣1分 2. 探测通过式金属探测门时未关闭手持金属探测器电源扣1分	
		测试手持金属探测器	1. 未测试或不会测试手持金属探测器扣2分 2. 检查完毕，未关闭手持金属探测器扣1分	
		报告考评员，准备完毕，请指示	漏说扣1分	
2	重点部位检查	漏查重点部位（头部、手腕及手部、肩胛、胸部、臀部、腋下、裆部、腰部、腹部、脚及脚踝）	漏查每个部位扣1分	
	检查程序	检查程序错误：未做到由上到下、由里到外、由前到后	扣4分	
		对查出物品的部位未复检	扣2分	
3	文明服务	物品落地	扣1分	
		损毁物品	扣2分	
		对模拟旅客有推、拉、扯等粗鲁动作	扣1分	
		未经模拟旅客同意自取物品	扣1分	
		1. 您好，请通过安全门 2. 您好，请接受人身检查 3. 请解开衣扣，抬起双臂 4. 请转身 5. 检查完毕，谢谢合作	扣2分	
4	违禁物品识别	1. 漏查、错查违禁物品	每件扣8分（本项不限最高扣分值）	
		2. 错说、漏说违禁物品	扣2分	
配分：30		限时：3min 用时：	得分：	
否定项：该项模块成绩未达到项目配分的60%者为不合格			□合格　　　　　□不合格	

评分人：　　　　　　年　　月　　日

核分人：　　　　　　年　　月　　日

人身检查操作技能考核评分记录表（试题二）

考件编号：　　　姓名：　　　准考证号：　　　单位：

序号	考核内容	考核要点	考核标准	扣分
1	工作准备	报告考评员，XX考生前来考试	漏说扣1分	
		测试手持金属探测器	1. 未测试或不会测试手持金属探测器扣2分 2. 检查完毕，未关闭手持金属探测器扣1分	
		报告考评员，准备完毕，请指示	漏说扣1分	
2	毫米波设备成像重点部位检查	漏查重点部位（头部、手部、胸部、腋下、腰部、脚部）	漏查每个部位扣1分	
	检查程序	检查程序错误：未做到由上到下、由里到外、由前到后	扣4分	
		对查出物品的部位未复检	扣2分	
3	文明服务	物品落地	扣1分	
		损毁物品	扣2分	
		对模拟旅客有推、拉、扯等粗鲁动作	扣1分	
		未经模拟旅客同意自取物品	扣1分	
		您好，请接受人身检查。检查完毕，谢谢合作	扣2分	
4	违禁物品识别	1. 漏查、错查违禁物品	每件扣8分（本项不限最高扣分值）	
		2. 错说、漏说违禁物品	扣2分	
	配分：20	限时：2min 用时：	得分：	

否定项：该项模块成绩未达到项目配分的60%者为不合格　　□合格　　　　□不合格

评分人：　　　　　年　　月　　日
核分人：　　　　　年　　月　　日

物品检查情况处置操作技能考核评分记录表

考件编号：　　　　姓名：　　准考证号：　　　　单位：

考核内容	考核要点	配分	考核标准	时间	扣分	得分
情况处置	能根据《民航旅客禁止随身携带和托运物品目录》和《民航旅客限制随身携带或托运物品目录》对可疑物品进行分类	10	2min内对可疑物品进行正确分类并正确叙述品名	2min		
	能正确填写暂存物品单据	2	1. 2min内填写内容错误扣2分 2. 2min内填写内容缺项、字迹潦草、未完成扣1分	2min		
	能正确填写移交物品单据	2	1. 2min内填写内容错误扣2分 2. 2min内填写内容缺项、字迹潦草、未完成扣1分	2min		
	能识别危险品的国际通用标识	3	1min内正确叙述危险品标识的名称及种类	1min/题		
	能正确叙述X射线安全检查仪的紧急关机程序	1	1min内正确叙述X射线安全检查仪的紧急关机程序	1min		
	能正确判断爆炸物探测设备处于正常工作状态	2	1min内正确判断设备是否处于正常工作状态	1min/题		
		配分：20分			得分：	

评分人：　　　　　　年　　月　　日

核分人：　　　　　　年　　月　　日

五级民航安全检查员操作技能考核成绩汇总表

姓名：　　　　　准考证号：　　　　　单位：

序号	模块名称	配分	得分	备注
1	证件检查	30		□合格 □不合格
2	人身检查（试题一）	30		□合格 □不合格
3	人身检查（试题二）	20		□合格 □不合格
4	物品检查	20		□合格 □不合格
	合计			□合格 □不合格

否定项：单项模块成绩及考核总成绩未达到配分的60%者为不合格

统分人：　　　　　　年　　月　　日